隨身佛典

長阿含經

後秦佛陀耶舍共竺佛念 譯

隨身佛典

長阿含經

後秦佛陀耶舍共竺佛念　譯

長阿含經

隨身佛典

後秦佛陀耶舍共竺佛念 譯

隨身佛典

長阿含經

後秦佛陀耶舍共竺佛念　譯

隨身佛典

長阿含經

第四册

（卷十七～卷二十二）

後秦佛陀耶舍共竺佛念 譯

目錄（第四冊）

佛說長阿含經卷第十八

後秦弘始年佛陀耶舍共竺佛念譯

(三〇)第四分世記經閻浮提州品第一

如是我聞：一時，佛在舍衛國祇樹給孤獨園俱利窟中，與大比丘衆千二百五十人俱。

時衆比丘於食後集講堂上議言：「諸賢！未曾有也，今此天地何由而敗？何由而成？衆生所居國土云何？」

爾時世尊於閑靜處天耳徹聽，聞諸比丘於食後集講堂上議如此言，爾時世尊於靜窟起，詣講堂坐，知而故問，問諸比丘：「向者所議，議何等事？」

諸比丘白佛言：「我等於食後集法講堂議言：『諸賢！未曾有也，今是天地何由而敗？何由而成？衆生所居國土云何？』我等集堂議如是事。」

佛告諸比丘言：「善哉！善哉！凡出家者應行二法：一、賢聖默然，二、講論法語。汝等集在講堂，亦應如此賢聖默然、講論法語。諸比丘！汝等欲聞如來記天地成敗、衆生所居國邑不耶？」

時諸比丘白佛言：「唯然，世尊！今正是時願樂欲聞，世尊說已當奉持之！」

佛言：「比丘！諦聽！諦聽！善思念之，當為汝說。」

佛告諸比丘：「如一日月周行四天下，光明所照，如是千世界，千世界中有千日月、千須彌山王、四千天下、四千大天下、四千海水、四千大海、四千龍、四千大龍、四千金翅鳥、四千大金翅鳥、四千惡道、四千大惡道、四千王、四千大王、七千大樹、八千大泥犁、十千大山、千閻羅王、千四天王、千忉利天、千焰摩天、千兜率天、千化自在天、千他化自在天、千梵天，是為小千世界。如一小千世界，爾所小千千世界，是為中千世界。如一中千世界，爾所中千千世界，是為三千大千世界。如是世界周匝成敗，眾生所居名一佛剎。」

佛告比丘：「今此大地深十六萬八千由旬，其邊無際，地止於水。水深三千三十由旬，其邊無際，水止於風。風深六千四十由旬，其邊無際。比丘！其大海水深八萬四千由旬，其邊無際。須彌山王入海水中八萬四千由旬，出海水上高八萬四千由旬，下根連地，多固地分。其山直上無有阿曲，生種種樹，樹出衆香，香遍山林，多諸賢聖，大神妙天之所居止。其山下基純有金沙，其山四面有四埵出，高七百由旬，雜色間厠七寶所成，四埵斜低曲臨海上。

「須彌山王有七寶階道，其下階道廣六十由旬，挾道兩邊有七重寶牆、七重欄楯、七重羅網、七重行樹；金牆銀門，銀牆金門；水精牆琉璃門，琉璃牆水精門；赤珠牆馬瑙門，馬瑙牆赤珠門；車𤦲牆衆寶門。其欄楯者，金欄銀桄，銀欄金桄；水精欄琉璃桄，琉璃欄水精桄；赤珠欄馬瑙桄，馬瑙欄赤珠桄；車𤦲欄衆寶桄。其欄楯上有寶羅網，其金羅網下懸銀鈴，其銀羅網下懸金鈴；琉璃羅網懸水精鈴，水精羅網懸琉璃鈴；赤珠羅網懸馬瑙鈴，馬瑙羅網懸赤珠鈴；車𤦲羅網懸衆寶鈴。其金樹者金根金枝銀葉華實，其銀樹者銀根銀枝金葉華實；其水精樹水精根枝琉璃華葉，其琉璃樹琉璃根枝水精華葉；其赤珠樹赤珠根枝馬瑙華葉，其馬瑙樹者馬瑙根枝赤珠華葉；車𤦲樹者車𤦲根*枝衆寶華葉。

「其七重牆，牆有四門，門有欄楯。七重牆上皆有樓閣臺觀，周匝圍遶有園觀浴池，生衆寶華葉，寶樹行列，花果繁茂，香風四起悅可人心，鳧鴈鴛鴦，異類奇鳥，無數千種，相和而鳴。又須彌山王中級階道廣四十由旬，挾道兩邊有七重寶牆、欄楯七重、羅網七重、行樹七重，乃至無數衆鳥相和而鳴，亦如下階。上級階道廣二十由旬，挾道兩邊有七重寶牆、欄楯七重、羅網七重、行樹七重，乃至無數衆鳥相和而鳴，亦如中階。

佛告比丘：「其下階道有鬼神住，名曰伽樓羅足；其中階道有鬼神住，名曰持鬘；其上階道有鬼神住，名曰喜樂。其四*埵高四萬二千由旬，四天大王所居宮殿，有七重寶城、欄楯七重、羅網七重、行樹七重，諸寶鈴乃至無數衆鳥相和而鳴，亦復如是。須彌山頂有三十三天宮，寶城七重、欄楯七重、羅網七重、行樹七重，乃至無數衆鳥相和而鳴，又復如是。過三十三天由旬一倍有焰摩天宮，過焰摩天宮由旬一倍有兜率天宮，過兜率天宮由旬一倍有化自在天宮，過化自在天宮由旬一倍有他化自在天宮，過他化自在天宮由旬一倍有梵加夷天宮。

「於他化自在天、梵加夷天中間，有*魔天宮，縱廣六千由旬，宮牆七重、欄楯七重、羅網七重、行樹七重，乃至無數衆鳥相和而鳴，亦復如是。過梵伽夷天宮由旬一倍有光音天宮，過光音天由旬一倍有遍淨天宮，過遍淨天由旬一倍有果實天宮，過果實天由旬一倍有無想天宮，過無想天由旬一倍有無造天宮，過無造天由旬一倍有無熱天宮，過無熱天由旬一倍有善見天宮，過善見天由旬一倍有大善見天宮，過大善見天由旬一倍有色究竟天宮，過色究竟天上有空處智天、識處智天、無所有處智天、有想無想處智天。齊此名衆生邊際、衆生世界，一切衆生生、老、病、死、受陰、受有，齊此不過。」

佛告比丘：「須彌山北有天下，名欝單曰，其土正方，縱廣一萬由旬，人面亦方，像彼地形。須彌山東有天下，名弗于逮，其土正圓，縱廣九千由旬，人面亦圓，像彼地形。須彌山西有天下，名俱耶尼，其土形如半月，縱廣八千由旬，人面亦爾，像彼地形。須彌山南有天下，名閻浮提，其土南狹北廣，縱廣七千由旬，人面亦爾，像此地形。須彌山北面天金所成，光照北方。須彌山東面天銀所成，光照東方。須彌山西面天水精所成，光照西方。須彌山南面天琉璃所成，光照南方。

「欝單曰有大樹王，名菴婆羅，圍七由旬，高百由旬，枝葉四布五十由旬。弗于逮有大樹王，名伽藍浮，圍七由旬，高百由旬，枝葉四布五十由旬。俱耶尼有大樹王，名曰斤提，圍七由旬，高百由旬，枝葉四布五十由旬；又其樹下有石牛幢，高一由旬。閻浮提有大樹王，名曰閻浮，①圍七由旬，高百由旬，枝葉四布五十由旬。金翅鳥王及龍王⊙其樹名俱利睒婆羅，圍七由旬，高百由旬，枝葉四布五十由旬。阿修羅王有樹，名善晝，圍七由旬，高百由旬，枝葉四布五十由旬。忉利天有樹，名曰晝度，圍七由旬，高百由旬，枝葉四布五十由旬。

「須彌山邊有山，名伽陀羅，高四萬二千由旬，縱廣四萬二千由旬，其邊廣遠，雜色間廁，七寶所成。其山去須彌山八萬四千由旬，其間純生優鉢羅花、鉢頭摩花、俱物頭花、分陀利花，蘆葦、松、竹叢生其中，出種種香，香*氣充遍。

「去佉陀羅山不遠有山，名伊沙陀羅，高二萬一千由旬，縱廣二萬一千由旬，其邊廣遠，雜色間廁，七寶所成。去佉陀羅山四萬二千由旬，其間純生優鉢羅花、鉢頭摩花、俱*物頭花、分陀利花，蘆葦、松、竹叢生其中，出種種香，香氣充遍。

「去伊沙陀羅山不遠有山，名樹巨陀羅，高萬二千由旬，縱廣萬二千由旬，其邊廣遠，雜色間廁，七寶所成。去伊沙陀羅山二萬一千由旬，其間純生四種雜花，蘆葦、松、竹叢生其中，出種種香，香氣充遍。

「去樹巨陀羅山不遠有山，名善見，高六千由旬，縱廣六千由旬，其邊廣遠，雜色間廁，七寶所成。去樹巨陀羅山萬二千由旬，其間純生四種雜花，蘆葦、松、竹叢生其中，出種種香，香氣充遍。

「去善見山不遠有山，名馬食*山，高三千由旬，縱廣三千由旬，其邊廣遠，雜色間廁，七寶所成。去善見山六千由旬，其間純生四種雜花，蘆葦、松、竹叢生其中，出種種香，香氣充遍。

「去馬食山不遠有山，名尼民陀羅，高千二百由旬，縱廣千二百由旬，其邊廣遠，雜色間廁，七寶所成。去馬食山三千由旬，其間純生四種雜花，蘆葦、松、竹叢生其中，出種種香，香氣充遍。

「去尼民陀羅山不遠有山，名調伏，高六百由旬，縱廣六百由旬，其邊廣遠，雜色間廁，七寶所成。去尼民陀羅山千二百由旬，其間純生四種雜花，蘆葦、松、竹叢生其中，出種種香，香氣充遍。

「去調伏山不遠有山，名金剛圍，高三百由旬，縱廣三百由旬，其邊廣遠，雜色間廁，七寶所成。去調伏山六百由旬，其間純生四種雜花，蘆葦、松、竹叢生其中，出種種香，香氣充遍。

「去大金剛山不遠有大海水，海水北岸有大樹王，名曰閻浮，圍七由旬，高百由旬，枝葉四布五十由旬。其邊空地復有叢林，名菴婆羅，縱廣五十由旬。復有叢林名曰閻婆，縱廣五十由旬。復有叢林名曰娑羅，縱廣五十由旬。復有叢林名曰多羅，縱廣五十由旬。復有叢林名曰那多羅，縱廣五十由旬。復有叢林名曰為男，縱廣五十由旬。

復有叢林名曰為女，縱廣五十由旬。復有叢林名曰男女，縱廣五十由旬。復有叢林名曰散那，縱廣五十由旬。復有叢林名曰栴檀，縱廣五十由旬。復有叢林名曰佉訓羅，縱廣五十由旬。復有叢林名曰波榇婆羅，縱廣五十由旬。復有叢林名曰毗羅，縱廣五十由旬。復有叢林名曰香榇，縱廣五十由旬。復有叢林名曰為梨，縱廣五十由旬。復有叢林名曰安石留，縱廣五十由旬。復有叢林名曰為甘，縱廣五十由旬。復有叢林名呵梨勒，縱廣五十由旬。復有叢林名毗醯勒，縱廣五十由旬。復有叢林名阿摩勒，縱廣五十由旬。復有叢林名阿摩梨，縱廣五十由旬。復有叢林名榇，縱廣五十由旬。復有叢林名甘蔗，縱廣五十由旬。復有叢林名葦，縱廣五十由旬。復有叢林名竹，縱廣五十由旬。復有叢林名舍羅，縱廣五十由旬。復有叢林名舍羅業，縱廣五十由旬。復有叢林名木瓜，縱廣五十由旬。復有叢林名大木瓜，縱廣五十由旬。復有叢林名解脫華，縱廣五十由旬。復有叢林名瞻婆，縱廣五十由旬。復有叢林名婆羅羅，縱廣五十由旬。復有叢林名修摩那，縱廣五十由旬。復有叢林名婆師，縱廣五十由旬。復有叢林名多羅梨，縱廣五十由旬。復有叢林名伽耶，縱廣五十由旬。復有叢林名葡萄，縱廣五十由旬。

「過是地空，其空地中復有花池，縱廣五十由旬。復有鉢頭摩池、俱物頭池、分陀利池，毒蛇滿中，各縱廣五十由旬。過是地空，其空地中有大海水，名欝禪那，此水下有轉輪聖王道，廣十二由旬，挾道兩邊有七重牆、七重欄楯、七重羅網、七重行樹，周匝校飾，以七寶成。閻浮提地轉輪聖王出于世時，水自然去，其道平現。

「去海不遠有山名鬱禪，其山端嚴，樹木繁茂，花果熾盛，衆香芬馥，異類禽獸靡所不有。去鬱禪山不遠有山，名金壁，中有八萬巖窟，八萬象王止此窟中，其身純白，頭有雜色，口有六牙，齒間金填。過金壁山已，有山名雪山，縱廣五百由旬，深五百由旬，東西入海。雪山中間有寶山，高二十由旬。

「雪山埵出高百由旬，其山頂上有阿耨達池，縱廣五十由旬，其水清冷，澄淨無穢，七寶砌壘、七重欄楯、七重羅網、七重行樹，種種異色，七寶合成。其欄楯者，金欄銀桄，銀欄金桄；琉璃欄水精桄，水精欄琉璃桄，赤珠欄馬瑙桄，馬瑙欄赤珠桄，車𤦲欄衆寶*為桄☆。金網銀鈴，銀網金鈴，琉璃網水精鈴，水精網琉璃鈴，車𤦲網七寶*為鈴☆。金多羅樹金根金枝銀葉銀果，銀多羅樹銀根銀枝金葉金果，水精樹水精根枝琉璃花果，赤珠樹赤珠根枝馬瑙葉馬瑙花果，車𤦲樹車𤦲根枝衆寶花果。

「阿耨達池側皆有園觀浴池，衆花積聚，種種樹葉，花果繁茂，種種香風，芬馥四布，種種異類，諸鳥哀鳴相和。阿耨達池底，金沙充滿，其池四邊皆有梯陛，金桄銀陛，銀桄金陛，琉璃桄水精陛，水精桄琉璃陛，赤珠桄馬瑙陛，馬瑙桄赤珠陛，車𤦲桄衆寶陛。遶池周匝皆有欄楯，生四種花，青、黃、赤、白，雜色參間，華如車輪，根如車轂。花根出汁，色白如乳，味甘如蜜。阿耨達池東有恒伽河，從牛口出，從五百河入于東海。阿耨達池南有新頭河，從師子口出，從五百河入于南海。阿耨達池西有婆叉河，從馬口出，從五百河入于西海。阿耨達池北有斯陀河，從象口中出，從五百河入于北海。阿耨達宮中有五柱堂，阿耨達龍王恒於中止。」

佛言：「何故名為阿耨達？阿耨達其義云何？此閻浮提所有龍王盡有三患，唯阿耨達龍無有三患。云何為三？一者、舉閻浮提所有諸龍，皆被熱風、熱沙著身，燒其皮肉，及燒骨髓以為苦惱，唯阿耨達龍無有此患。二者、舉閻浮提所有龍宮，惡風暴起，吹其宮內，失寶飾衣，龍身自現以為苦惱，唯阿耨達龍王無如是患。三者、舉閻浮提所有龍王，各在宮中相娛樂時，金翅大鳥入宮搏撮，或始生方便欲取龍食，諸龍怖懼常懷熱惱，唯阿耨達龍無如此患。若金翅鳥生念欲住，即便命終，故名阿耨達阿耨達秦言無惱熱。」

佛告比丘：「雪山右面有城，名毗舍離，其城北有七黑山，七黑山北有香山，其山常有歌唱伎樂音樂之聲。山有二窟：一名為晝，二名善晝，天七寶成，柔濡香潔，猶如天衣，妙音乾闥婆王從五百乾闥婆在其中止。晝、善晝窟北有娑羅樹王，名曰善住，有八千樹王圍遶四面。善住樹王下有象王，亦名善住，止此樹下，身體純白，七處平住，力能飛行。其頭赤色，雜色毛間，六牙纖𦟛，金為間填，有八千象圍遶隨從。其八千樹王下八千象，亦復如是。

「善住樹王北有大浴池，名摩陀延，縱廣五十由旬，有八千浴池周匝圍遶，其水清涼，無有塵穢，以七寶塹周匝砌壘遶。池有七重欄楯、七重羅網、七重行樹，皆七寶成：金欄銀桄，銀欄金桄；水精欄琉璃桄，琉璃欄水精桄；赤珠欄馬瑙桄，馬瑙欄赤珠桄；*硨璖欄眾寶桄。其金羅網下垂銀鈴，其銀羅網下垂金鈴；水精羅網垂琉璃鈴，琉璃*羅網垂水精鈴；赤珠羅網垂馬瑙鈴，馬瑙羅網垂赤珠鈴；硨璖羅網垂眾寶鈴。其金樹者金根金枝銀葉花實，其銀樹者銀根銀枝金葉花實；水精樹者水精根枝琉璃花實，琉璃樹者琉璃根枝水精花實；赤珠樹者赤珠根枝馬瑙花實，馬瑙樹者馬瑙根枝赤珠花實；硨璖樹者車璖根枝眾寶花實。

「又其池底金沙布散，遶池周匝有七寶階道：金陛銀蹬，銀陛金蹬；水精陛琉璃蹬，琉璃陛水精蹬；赤珠陛馬瑙蹬，馬瑙陛赤珠蹬；車𤦲陛衆寶蹬，挾陛兩邊有寶欄楯。又其池中生四種華，青、黃、赤、白，衆色參間，華如車輪，根如車轂。花根出汁，色白如乳，味甘如蜜。遶池四面有衆園觀、叢林、浴池，生種種花，樹木清涼，花果豐盛，無數衆鳥相和而鳴，亦復如是。

「善住象王念欲遊戲，入池浴時，即念八千象王。時八千象王復自念言：『善住象王今以念我，我等宜往至象王所。』於是衆象即往前立。時善住象王從八千象至摩陀延池，其諸象中有為王持蓋者，有執寶扇扇象王者，中有作倡伎樂前導從者。時善住象王入池洗浴，作倡伎樂，共相娛樂。或有象為王洗鼻者，或有洗口、洗頭、洗牙、洗耳、洗腹、洗背、洗尾、洗足者，中有拔華根洗之與王食者，中有取四種花散王上者。爾時善住象王洗浴、飲食，共相娛樂已，即出岸上，向善住樹立，其八千象然後各自入池洗浴、飲食，共相娛樂，訖已還出，至象王所。

「時象王從八千象前後導從，至善住樹王所，中有持蓋覆象王者，有執寶扇扇象王者，中有作倡伎樂在前導者。時善住象王詣樹王已，坐臥行步隨意所遊。餘八千象各自在樹下，坐臥行步隨意所遊。其樹林中有圍八尋者，有圍九尋至十尋、十五尋者，唯善住象王*娑羅樹王圍十六尋。其八千*娑羅樹枝葉墮落時，清風遠吹置於林外。又八千象大小便時，諸夜叉鬼除之林外。」

佛告比丘：「善住象王有大神力，功德如是，雖為畜生，受福如是。」

佛說長阿含第四分世記經鬱單曰品第二

佛告比丘：「鬱單曰天下多有諸山，其彼山側有諸園觀浴池，生衆雜花，樹木清涼，花果豐茂，無數衆鳥相和而鳴。又其山中多衆流水，其水洋順無有卒暴，衆花覆上汎汎徐流，挾岸兩邊多衆樹木，枝條柔弱花果繁熾。地生濡草槃縈右旋，色如孔翠，香如婆師，濡若天衣。其地柔濡，以足踏地地凹四寸，舉足還復，地平如掌無有高下。

「比丘！彼欝單曰土四面有四阿耨達池，各縱廣百由旬，其水澄清，無有垢穢，以七寶塹厠砌其邊，乃至無數衆鳥相和悲鳴，與摩陀延池嚴飾無異。彼四大池各出四大河，廣十由旬，其水洋順無有卒暴，衆花覆上汎汎徐流，挾岸兩邊多衆樹木，枝條柔弱花果繁熾。地生濡草槃縈右旋，色如孔翠，香猶婆師，濡若天衣。其地柔濡，以足蹈地地凹四寸，舉足還復，地平如掌無有高下。又彼土地無有溝澗、坑坎、荊棘、株*杌，亦無蚊虻、蚖蛇、蜂蝎、虎豹、惡獸。地純衆寶無有石沙，陰陽調柔四氣和順，不寒不熱無衆惱患。其地潤澤塵穢不起，如油塗地無有遊塵，百草常生無有冬夏，樹木繁茂花果熾盛。地生濡草槃縈右旋，色如孔翠，香猶婆師，濡若天衣。其地柔濡，以足蹈地地凹四寸，舉足還復，地平如掌無有高下。

「其土常有自然粳米，不種自生，無有糠檜，如白花聚，猶忉利天食，衆味具足。其土常有自然釜鍑，有摩尼珠，名曰焰光，置於鍑下，飯熟光滅，不假樵火，不勞人功。其土有樹，名曰曲躬，葉葉相次，天雨不漏，彼諸男女止宿其下。復有香樹，高七十里，花果繁茂，其果熟時皮殼自裂，自然香出。其樹或高六十里，或五十、四十，極小高五里，皆花果繁茂，其果熟時皮殼自裂，自然香出。

「復有衣樹，高七十里，花果繁茂，其果熟時皮殼自裂，出種種衣。其樹或高六十里、五十、四十，極小高五里，皆花果繁茂，出種種衣。復有莊嚴樹，高七十里，花果繁茂，其果熟時皮殼自裂，出種種嚴身之具。其樹或高六十里、五十、四十里，極小高五里，皆花果繁茂，出種種嚴身之具。復有花鬘樹，高七十里，花果繁茂，其果熟時皮殼自裂，出種種鬘。其樹或高六十里、五十、四十里，極小高五里，亦皆花果繁茂，出種種鬘。復有器樹，高七十里，花果繁茂，其果熟時皮殼自裂，出種種器。⊙其樹或高六十里、五十、四十，極小高五里，皆花果繁茂，出種種器。復有果樹，高七十里，花果繁茂，其果熟時皮殼自裂，出種種果。樹或高六十里、五十、四十，極小高五里，皆花果繁茂，出種種果。復有樂器樹，高七十里，花果繁茂，其果熟時皮殼自裂，出種種樂器。其樹或高六十里、五十、四十，極小高五里，皆花果繁茂，出種種樂器。

「其土有池，名曰善見，縱廣百由旬，其水清澄，無有垢穢，以七寶塹厠砌其邊。遶池四面有七重欄楯、七重羅網、七重行樹，乃至無數衆鳥相和而鳴，亦復如是。其善見池北有樹，名菴婆羅，周圍七里，上高百里，枝葉四布遍五十里。其善見池東出善道河，廣一由旬，其水徐流，無有洄澓，種種雜花覆蔽水上，挾岸兩邊樹木繁茂，枝條柔弱花果熾盛。地生濡草槃縈右旋，色如孔翠，香如婆師，濡若天衣。其地柔濡，足踏地時地凹四寸，擧足還復，地平如掌無有高下。

「又其河中有衆寶船，彼方人民欲入中洗浴遊戲時，脫衣岸上，乘船中流。遊戲娛樂訖已，*渡水遇衣便著，先出先著，後出後著，不求本衣。次至香樹，樹為曲躬，其人手取種種雜香，以自塗身。次到衣樹，樹為曲躬，其人手取種種雜衣，隨意所著。次到莊嚴樹，樹為曲躬，其人手取種種莊嚴，以自嚴飾。次到鬘樹，樹為曲躬，其人手取種種雜鬘，以著頭上。次到器樹，樹為曲躬，其人手取種種寶器。取寶器已，次到果樹，樹為曲躬，其人手取種種美果，或噉食者，或口含者，或漉汁飲者。次到樂器樹，樹為曲躬，其人手取種種樂器，調絃鼓之，並以妙聲和絃，而行詣於園林，隨意娛樂，或一日、二日至于七日，然後復去，無有定處。

「善見池南出妙體河，善見池西出妙味河，善見池北出光影河，亦復如是。善見池東有園林名善見，縱廣百由旬，遶園四邊有七重欄楯、七重羅網、七重行樹，雜色間廁，七寶所成。其園四面有四大門，周匝欄楯，皆七寶成。園內清淨無有荊棘，其地平正，無有溝*澗、坑坎、陵阜，亦無蚊虻、蠅蚤虱、蚖蛇、蜂蝎、虎狼、惡獸。地純衆寶無有石沙，陰陽調柔四氣和順，不寒不熱無衆惱患。其地潤澤無有塵穢，如油塗地遊塵不起，百草常生無有冬夏，樹木繁茂花果熾盛。地生濡草*槃縈右旋，色如孔翠，香如婆師，濡若天衣。其地柔濡，足蹈地時地凹四寸，舉足還復。

「其園常生自然粳米，無有糠糩，如白花聚，衆味具足，如忉利天食。其園常有自然釜鍑，有摩尼珠名曰焰光，置於鍑下，飯熟光滅，不假樵火，不勞人功。其園有樹，名曰曲躬，葉葉相次，天雨不漏，*彼諸男女止宿其下。復有香樹，高七十里，花果繁茂，其果熟時皮殼自裂，出種種香。樹有高六十里、五十、四十，至高五里，花果繁茂，出種種香，乃至樂器樹，亦復如是。

「其土人民至彼園中游戲娛樂，一日、二日至于七日，其善見園無人守護，隨意游戲，然後復去。善見池南有園林，名大善見。善見池西有園林，名曰娛樂。善見池北有園林，名曰等花，亦復如是。其土中夜、後夜，阿耨達龍王數數隨時起清淨雲，周遍世界而降甘雨，如搆牛頃，以八味水潤澤普洽，水不留停，地無泥淖。猶如鬘師以水灑華，使不萎枯，潤澤鮮明。時彼土於中夜後無有雲翳，空中清明，海出涼風清淨柔和，微吹人身舉體快樂。其土豐饒人民熾盛，設須食時，以自然粳米著於釜中，以焰光珠置於釜下，飯自然熟，珠光自滅。諸有來者自恣食之，其主不起，飯終不盡；若其主起，飯則盡賜。其飯鮮潔如白花聚，其味具足，如忉利天食。彼食此飯，無有衆病，氣力充足，顏色和悅，無有衰耗。

「又其土人身體相類，形貌同等，不可分別。其貌少壯，如閻浮提二十許人。其人口齒平正潔白，密緻無間。髮紺青色，無有塵垢，髮垂八指，齊眉而止，不長不短。若其土人起欲心時，則熟視女人而捨之去，彼女隨後往詣園林。若彼女人是彼男子父親、母親骨肉中表不應行欲者，樹不曲蔭，各自散去；若非父親、母親骨肉中表應行欲者，樹則曲躬，迴蔭其身，隨意娛樂，一日、二日或至七日，爾乃散去。彼人懷妊，七日、八日便產，隨生男女，置於四衢大交道頭，捨之而去。諸有行人經過其邊，出指令嗽，指出甘乳，充適兒身。過七日已其兒長成，與彼人等，男向男衆，女向女衆。

「彼人命終，不相哭泣，莊嚴死屍，置四衢道捨之而去。有鳥名憂慰禪伽，接彼死屍置於他方。又其土人，大小便時地即為開，便利訖已地還自合。其土人民無所繫戀，亦無畜積，壽命常定，死盡生天。彼人何故壽命常定？其人前世修十善行，身壞命終生欝單曰，壽命千歲不增不減，是故彼人壽命正等。

「復次，殺生者墮惡趣，不殺者生善趣。如是竊盜、邪婬、兩舌、惡口、妄言、綺語、貪取、嫉妬、邪見者，墮惡趣中；不盜、不婬，不兩舌、惡口、妄言、綺語，不貪取、嫉妬、邪見者，則生善趣。

若有不殺，不盜，不婬，不兩舌、惡口、妄言、綺語，不貪取、嫉妬、邪見，身壞命終生欝單曰，壽命千歲不增不減，是故彼人壽命正等。

「復次，慳悋貪取，不能施惠，死墮惡道；開心不悋，能為施惠者，則生善處。有人施沙門、婆羅門，及施貧窮乞兒、瘡病、困苦者，給其衣服、*飲食、乘輿、花鬘、塗香、牀榻、房舍，又造立塔廟，燈燭供養，其人身壞命終生欝單曰，壽命千歲不增不減，是故彼人壽命正等。何故稱欝單曰？人為勝？其土人民不受十善，舉動自然與十善合，身壞命終，生天善處，是故彼人得稱為*勝欝單曰。欝單曰者，其義云何？於三天下，其土最上最勝，故名欝單曰（欝單曰秦言最上）。」

佛說長阿含第四分世記經轉輪聖王品第三

佛告比丘：「世間有轉輪聖王，成就七寶，有四神德。云何轉輪聖王成就七寶？一、金輪寶，二、白象寶，三、紺馬寶，四、神珠寶，五、玉女寶，六、居士寶，七、主兵寶。云何轉輪聖王金輪寶成就？若轉輪聖王出閻浮提地，剎利水澆頭種，以十五日月滿時，沐浴香湯，上高殿上，與婇女眾共相娛樂，天金輪寶忽現在前。輪有千輻，其光色具足，天金所成，天匠所造，非世所有，輪徑丈四。轉輪聖王見已，默自念言：我曾從先宿諸舊聞如是語：『若剎利王水澆頭種，以十五日月滿時，沐浴香湯，昇法殿上，婇女圍遶，自然金輪忽現在前。輪有千輻，光色具足，天匠所造，非世所有，輪徑丈四，是則名為轉輪聖王。』今此輪現，將無是耶？今我寧可試此輪寶。

「時轉輪王即召四兵，向金輪寶，偏露右臂，右膝著地，以右手摩捫金輪語言：『汝向東方，如法而轉，勿違常則。』輪即東轉。時轉輪王即將四兵隨其後行，金輪寶前有四神導，輪所住處，王即止駕。爾時東方諸小國王見大王至，以金鉢盛銀粟，銀鉢盛金粟，來詣王所，拜首白言：『善哉！大王！今此東方土地豐樂，多諸珍寶，人民熾盛，志性仁和，慈孝忠順，唯願聖王於此治政！我等當給使左右承受所⊙須。』當時轉輪王語小王言：『止！止！諸賢！汝等則為供養我已，但當以正法治化，勿使偏枉，無令國內有非法行，*自不殺生，教人不殺生、偷盜、邪婬、兩舌、惡口、妄言、綺語、貪取、嫉妒、邪見之人，此即名為我之所治。』

「時諸小王聞是教已，即從大王巡行諸國，至東海表，次行南方、西方、北方，隨輪所至，其諸國王各獻國土，亦如東方諸小王比。此閻浮提所有名曰土沃野豐，名出珍寶，林水清淨，平廣之處，輪則周行，封*畫圖度東西十二由旬，南北十由旬。天神於中夜造城墎，其城七重，七重欄楯、七重羅網、七重行樹，周匝校飾，七寶所成，乃至無數衆鳥相和而鳴。造此城已，金輪寶復於其城中，圖度封地東西四由旬，南北二由旬。天神於中夜造宮殿，宮牆七重，七寶所成，乃至無數衆鳥相和而鳴，亦復如是。造宮殿已，時金輪寶在宮殿上虛空中住，完具而不動轉。轉輪聖王踊躍而言：『此金輪寶真為我瑞，我今真為轉輪聖王。』是為金輪寶成就。

「云何白象寶成就？轉輪聖王清旦於正殿上坐，自然象寶忽現在前，其毛純白，七處平住，力能飛行，其首雜色，六牙纖𦟛，真金間填。時王見已念言：『此象賢良，若善調者可中御乘。』即試調習，諸能悉備。時轉輪王欲自試象，即乘其上，清旦出城，周行四海，食時*已還。時轉輪王踊躍而言：『此白象寶真為我瑞，我今真為轉輪聖王。』是為象寶成就。

「云何轉輪聖王紺馬寶成就？時轉輪聖王清旦在正殿上坐，自然馬寶忽現在前，紺青色，朱騣尾，頭頸如象，力能飛行。時王見已念言：『此馬賢良，若善調者可中御乘。』即試調習，諸能悉備。時轉輪聖王欲自試馬寶，即乘其上，清旦出城，周行四海，食時已還。時轉輪王踊躍而言：『此紺馬寶真為我瑞，我今真為轉輪聖王。』是為紺馬寶成就。

「云何神珠寶成就？時轉輪聖王於清旦在正殿上坐，自然神珠忽現在前，質色清徹，無有瑕穢。時王見已言：『此珠妙好，若有光明，可照宮內。』時轉輪王欲試此珠，即召四兵，以此寶珠置高幢上，於夜冥中齎*幢出城，其珠光明照一由旬，現城中人皆起作務，謂為是晝。時轉輪聖王踊躍而言：『今此神珠真為我瑞，我今真為轉輪聖王。』是為神珠寶成就。

「云何玉女寶成就？時玉女寶忽然出現，顏色*從容☆，面貌端正，不長不短，不麤不細，不白不黑，不剛不柔，冬則身溫，夏則身涼，舉身毛孔出栴檀香，口出優鉢羅花香，言語柔濡，舉動安詳，先起後坐，不失宜則。時轉輪聖王見已無著，心不暫念，況復親近！時轉輪聖王見已，踊躍而言：『此玉女寶真為我瑞，我今真為轉輪聖王。』是為玉女寶成就。

「云何居士寶成就？時居士丈夫忽然自出，寶藏自然財富無量，居士宿福，眼能徹視地中伏藏，有主無主皆悉見知，其有主者能為擁護，其無主者取給王用。時居士寶往白王言：『大王！有所給與，不足為憂，我自能辦。』⊙時轉輪聖王欲試居士寶，即勑嚴船於水遊戲，告居士曰：『我須金寶，汝速與我。』居士報曰：『大王小待，須至岸上。』王尋逼言：『我今須用，正爾得來。』時居士寶被王嚴勅，即於船上長跪，以右手內著水中，水中寶瓶隨手而出，如虫緣樹。彼居士寶亦復如是，內手水中寶緣手出，充滿船上，而白王言：『向須寶用，為須幾許？』時轉輪聖王語居士言：『止！止！吾無所須，向相試耳，汝今便為供養我已。』時居士聞王語已，尋以寶物還沒水中。時轉輪聖王踊躍而言：『此居士寶真為我瑞，我今真為轉輪聖王。』是為居士寶成就。

「云何主兵寶成就？時主兵寶忽然出現，智謀雄猛，英略獨決，即詣王所白言：『大王！有所討*伐，不足為憂，我自能辦。』時轉輪聖王欲試主兵寶，即集四兵而告之曰：『汝今用兵，未集者集，已集者放；未嚴者嚴，已嚴者解；未去者去，已去者住。』時主兵寶聞王語已，即令四兵，未集者集，已集者放；未嚴者嚴，已嚴者解；未去者去，已去者住。時轉輪聖王見已，踊躍而言：『此主兵寶真為我瑞，我今真為轉輪聖王。』是為轉輪聖王七寶成就。◉何謂四神德？一者、長壽不夭無能及者，二者、身強無患無能及者，三者、顏貌端正無能及者，四者、寶藏盈溢無能及者，是為轉輪聖王成就七寶及四功德。

「時轉輪聖王久乃命駕出遊後園，尋告御者：『汝當善御而行，所以然者，吾欲諦觀國土人民安樂無患。』時國人民路次觀者，復語侍人：『汝且徐行，吾欲諦觀聖王威顏。』時轉輪聖王慈育民物如父愛子，國民慕王如子仰父，所有珍琦盡以貢王，願垂納受，在意所與！時王報曰：『且止！諸人！吾自有寶，汝可自用。』

「轉輪聖王治此閻浮提時，其地平正，無有荊棘、坑坎、堆阜，亦無蚊虻、蜂蝎、蠅蚤、蛇蚖、惡蟲，石沙、瓦礫自然沈沒，金銀寶玉現於地上，四時和調不寒不熱。其地柔濡無有塵穢，如油塗地潔淨光澤，無有塵穢；轉輪聖王治於世時，地亦如是。地出流泉清淨無竭，生柔濡草冬夏常青，樹木繁茂花果熾盛。地生濡草，色如孔翠，香若婆師，濡如天衣。足蹈地時地凹四寸，舉足還復無空缺處。自然粳米無有糠糩，衆味具足。時有香樹花果茂盛，其果熟時，果自然裂，出自然香，香氣馥熏。復有衣樹，花果茂盛，其果熟時皮殼自裂，出種種衣。復有莊嚴樹，花果熾盛，其果熟時皮殼自裂，出種種莊嚴具。復有鬘樹，花果茂盛，其果熟時皮殼自裂，出種種鬘。復有器樹，花果茂盛，其果熟時皮殼自裂，出種種器。復有果樹，花果茂盛，其果熟時皮殼自裂，出種種果。復有樂器樹，花果茂盛，其果熟時皮殼自裂，出衆樂器。

「轉輪聖王治於世時，阿耨達龍王於中夜後起大密雲，彌滿世界而降大雨，如搆牛頃，雨八味水潤澤周普。地無停水亦無泥洹，潤澤沾洽生長草木，猶如鬘師水灑花鬘，使花鮮澤令不萎枯，時雨潤澤亦復如是。又時於中夜後，空中清明淨無雲曀，海出涼風清淨調柔，觸身生樂。聖王治時，此閻浮提五穀豐賤，人民熾盛，財寶豐饒，無所匱乏。

「當時轉輪聖王以正治國，無有阿枉，修十善行。爾時諸人民亦修正見，具十善行。其王久久，身生重患而取命終時猶如樂人，食如小過，身小不適，而便命終，生梵天上。時玉女寶、居士寶、主兵寶及國土民作倡伎樂，葬聖王身。其王玉女寶、居士寶、主兵寶、國內士民，以香湯洗浴王身，以劫貝纏五百張疊，次如纏之。奉舉王身置金棺裏，以香油灌置鐵槨裏，復以木槨重衣其外，積衆香薪重衣其上，而*闍維之。

「於四衢道頭起七寶塔，縱廣一由旬，雜色參間，以七寶成。其塔四面各有一門，周匝欄楯，以七寶成。其塔四面空地縱廣五由旬，園牆七重、七重欄楯、七重羅網、七重行樹。金牆銀門，銀牆金門；琉璃牆水精門，水精牆琉璃門；赤珠牆馬瑙門，馬瑙牆赤珠門；車璖牆衆寶門。其欄楯者，金欄銀桄，銀欄金桄；水精欄琉璃桄，琉璃欄水精桄；赤珠欄馬瑙桄，馬瑙欄赤珠桄；車璖欄衆寶桄。其金羅網下懸銀鈴，其銀羅網下懸金鈴；琉璃羅網懸水精鈴，水精羅網懸琉璃鈴；赤珠羅網懸馬瑙鈴，馬瑙羅網懸赤珠鈴；車璖羅網懸衆寶鈴。其金樹者銀葉花實，其銀樹者金葉花實；其琉璃樹水精花葉，水精樹琉璃花葉；赤珠樹者馬瑙花葉，馬瑙樹赤珠花葉；車璖樹衆寶花葉。其四園牆復有四門，周匝欄楯，又其牆上皆有樓閣寶臺。其牆四面有樹木園林、流泉浴池，生種種花，樹木繁茂花果熾盛，衆香芬馥異鳥哀鳴。其塔成已，玉女寶、居士寶、典兵寶、舉國士民皆來供養此塔。施諸窮乏，須食與食，須衣與衣，象馬寶乘，給衆所須，隨意所與。轉輪聖王威神功德，其事如是。」

佛說長阿含經卷第十八

佛說長阿含經卷第十九

後秦弘始年佛陀耶舍共竺佛念譯

第四分世記經地獄品第四

佛告比丘：「此四天下有八千天下圍遶其外，復有大海水周匝圍遶八千天下，復有大金剛山遶大海水。金剛山外復有第二大金剛山，二山中間窈窈冥冥，日月神天有大威力，不能以光照及於彼。彼有八大地獄，其一地獄有十六小地獄，第一大地獄名想，第二名黑繩，第三名堆壓，第四名叫喚，第五名大叫喚，第六名燒炙，第七名大燒炙，第八名無間。

「其想地獄有十六小獄，小獄縱廣五百由旬。第一小獄名曰黑沙，二名沸屎，三名五百*釘，四名飢，五名渴，六名一銅釜，七名多銅釜，八名石磨，九名膿血，十名量火，十一名灰河，十二名鐵丸，十三名釿斧，十四名犲狼，十五名劍樹，十六名寒氷。

「云何名想地獄？其中衆生手生鐵爪，其爪長利，迭相瞋忿懷毒害想，以爪相𪘂，應手肉墮，想為已死，冷風來吹皮肉還生，尋活起立，自想言：『我今已活。』餘衆生言：『我想汝活。』以是想故，名想地獄。

「復次，想地獄其中眾生懷毒害想，共相觸嬈，手執自然刀劍，刀劍鋒利迭相斫刺，剗剝臠割身碎在地，想謂為死，冷風來吹皮肉更生，尋活起立，彼自想言：『我今已活。』餘眾生言：『我想汝活。』以此因緣故，名想地獄。

「復次，想地獄其中衆生懷毒害想，迭相觸嬈，手執刀劍，刀劍鋒利共相斫刺，剗剝臠割，想謂為死，冷風來吹皮肉更生，尋活起立，自言：『我活。』餘衆生言：『我想汝活。』以此因緣故，名想地獄。

「復次，想地獄其中衆生懷毒害想，迭相觸嬈，手執油影刀，其刀鋒利更相斫刺，剗剝臠割，想謂為死，冷風來吹皮肉更生，尋活起立，自言：『我活。』餘衆生言：『我想汝活。』以是因緣，名為想地獄。

「復次，想地獄其中衆生懷毒害想，迭相觸嬈，手執小刀其刀鋒利，更相斫刺，剫剝臠割，想謂為死，冷風來吹皮肉更生，尋活起立，自言：『我活。』餘衆生言：『我想汝活。』以是因緣故，名想地獄。

「其中衆生久受罪已，出想地獄，慞惶馳走求自救護，宿罪所牽，不覺忽到黑沙地獄。時有熱風暴起，吹熱黑沙來著其身，舉體盡黑猶如黑雲，熱沙燒皮盡肉徹骨。罪人身中有黑焰起，遶身迴旋還入身內，受諸苦惱燒炙燋爛。以罪因緣受此苦報，其罪未畢故使不死。

「於此久受苦已，出黑沙地獄，慞惶馳走求自救護，宿罪所牽，不覺忽到沸屎地獄。其地獄中有沸屎鐵丸自然滿前，驅迫罪人使抱鐵丸，燒其身手至其頭面，無不周遍。復使探撮舉著口中，燒其脣舌，從咽至腹通徹下過，無不燋爛。有鐵嘴蟲唼食皮肉，徹骨達髓，苦毒辛酸憂惱無量，以罪未畢猶復不死。

「於沸屎地獄久受苦已，出沸屎地獄，慞惶馳走求自救護，到鐵釘地獄。到已，獄卒撲之令墮，偃熱鐵上舒展其身，以釘釘手、釘足、釘心，周遍身體盡五百釘，苦毒辛酸號咷呻吟，餘罪未畢猶復不死。

「久受苦已，出鐵釘地獄，慞惶馳走求自救護，到飢餓地獄，獄卒來問：『汝等來此，欲何所求？』報言：『我餓！』獄卒即捉撲熱鐵上，舒展其身，以鐵鉤鉤口使開，以熱鐵丸著其口中，燋其脣舌，從咽至腹通徹下過，無不燋爛，苦毒辛酸悲號啼哭，餘罪未盡猶復不死。

「久受苦已，出飢地獄，慞惶馳走求自救護，到渴地獄，獄卒問言：『汝等來此，欲何所求？』報言：『我渴！』獄卒即捉撲熱鐵上，舒展其身以熱鐵鉤鉤口使開，消銅灌口燒其脣舌，從咽至腹通徹下過，無不燋爛，苦毒辛酸悲號啼哭，餘罪未盡猶復不死。

「久受苦已，出渴地獄，慞惶馳走求自救護，宿罪所牽，不覺忽到一銅鍑地獄，獄卒怒目捉罪人足，倒投鍑中，隨湯涌沸上下迴旋，從底至口從口至底，或在鍑腹身體爛熟。譬如煮豆，隨湯涌沸上下迴轉，中外爛壞·，罪人在鑊，隨湯上下亦復如是。號咷悲叫萬毒*並至，餘罪未盡故復不死。

「久受苦已，出一銅鑊地獄，慞惶馳走求自救護，宿罪所牽，不覺忽至多銅鑊地獄。多銅鑊地獄縱廣五百由旬，獄鬼怒目捉罪人足，倒投鑊中，隨湯涌沸上下迴旋，從底至口從口至底，或在鑊腹，舉身爛壞。譬如煮豆，隨湯涌沸上下迴轉，中外皆爛，罪人在鑊亦復如是。隨湯上下，從口至底從底至口，或手足現，或腰腹現，或頭面現。獄卒以鐵鉤鉤取置餘鑊中，號咷悲叫苦毒辛酸，餘罪未畢故使不死。

「久受苦已，出多銅鑊地獄，慞惶馳走求自救護，宿對所牽，不覺忽至石磨地獄。石磨地獄縱廣五百由旬，獄卒大怒，捉彼罪人撲熱石上，舒展手足，以大熱石壓其身上，迴轉揩磨，骨肉糜碎膿血流出，苦毒切痛悲號辛酸，餘罪未盡故使不死。

「久受苦已，出石磨地獄，慞惶馳走求自救護，宿對所牽，不覺忽至膿血地獄。膿血地獄縱廣五百由旬，其地獄中有自然膿血，熱沸涌出，罪人於中東西馳走，膿血沸熱湯，其身體手足頭面皆悉爛壞。又取膿血而自食之，湯其脣舌，從咽至腹通徹下過，無不爛壞，苦毒辛酸眾痛難忍，餘罪未畢故使不死。

「久受苦已，乃出膿血地獄，慞惶馳走求自救護，宿罪所牽，不覺忽至量火地獄。量火地獄縱廣五百由旬，其地獄中有大火聚，自然在前，其火焰熾，獄卒瞋怒*驅迫罪人，手執鐵斗使量火聚。彼量火時，燒其手足遍諸身體，苦毒熱痛呻吟號哭，餘罪未畢故使不死。

「久受苦已，乃出量火地獄，慞惶馳走自求救護，宿對所牽，不覺忽到灰河地獄。灰河地獄縱廣五百由旬，深五百由旬，灰湯涌沸惡氣熢㶿，迴波相搏聲響可畏，從底至上，鐵刺縱廣鋒長八寸。其河岸邊生長刀劍，其邊皆有獄卒*犲狼；又其岸上有劍樹林，枝葉花實皆是刀劍，鋒刃八寸。罪人入河隨波上下，迴覆沈沒，鐵刺刺身內外通徹，皮肉爛壞膿血流出，苦痛萬端悲號酸毒，餘罪未畢故使不死。

「久受苦已，乃出灰河地獄至彼岸上，岸上利劍割刺身體，手足傷壞。爾時獄卒問罪人言：『汝等來此，欲何所求？』罪人報言：『我等飢餓！』獄卒即捉罪人撲熱鐵上，舒展身體，以鐵鈎擗口，洋銅灌之燒其脣舌，從咽至腹通徹下過，無不燋爛。復有豺狼牙齒長利，來嚙罪人生食其肉。於是罪人為灰河所煮，利刺所刺，洋銅灌口，豺狼所食已，即便騂馳走上劍樹。上劍樹時，劍刃下向；下劍樹時，劍刃上向；手攀手絕，足蹬足絕。劍刃刺身，中外通徹，皮肉墮落膿血流出，*唯有白骨筋脉相連。時劍樹上有鐵嘴鳥，啄頭骨壞唼食其腦，苦毒辛酸號咷悲叫，餘罪未畢故使不死。還復來入灰河獄中，隨波上下迴覆沈沒，鐵刺刺身內外通徹，皮肉爛壞膿血流出，唯有白骨浮漂於外，冷風來吹肌肉還復，尋便起立，慞惶馳走求自救護，宿對所牽，不覺忽至鐵丸地獄。鐵丸地獄縱廣五百由旬，罪人入已，有熱鐵丸自然在前，獄鬼驅捉，手足爛壞舉身火然，苦痛悲號萬毒竝至，餘罪未畢故使不死。

「久受苦已，乃至出鐵丸地獄，慞惶馳走求自救護，宿對所牽，不覺忽至鈇斧地獄。鈇斧地獄縱廣五百由旬，彼入獄已，獄卒瞋怒捉此罪人撲熱鐵上，以熱鐵鈇斧破其手足、耳鼻、身體，苦毒辛酸悲號叫喚，餘罪未盡猶復不死。

「久受罪已，出鈇斧地獄，慞惶馳走求自救護，宿罪所牽，不覺忽至豺狼地獄。豺狼地獄縱廣五百由旬，罪人入已，有群豺狼競來齰掣，齰嚙拖抴，肉墮傷骨膿血流出，苦痛萬端悲號酸毒，餘罪未畢故使不死。

「久受苦已，乃出豺狼地獄，慞惶馳走求自救護，宿對所牽，不覺忽至劍樹地獄。劍樹地獄縱廣五百由旬，罪人入彼劍樹林中，有大暴風起吹，劍樹葉墮其身上，著手手絕，著足足絕，身體頭面無不傷壞。有鐵嘴鳥立其頭上，啄其兩目，苦痛萬端悲號酸毒，餘罪未畢故使不死。

「久受苦已，乃出劍樹地獄，慞惶馳走求自救護，宿罪所牽，不覺忽至寒氷地獄。寒氷地獄縱廣五百由旬，罪人入已，有大寒風來吹其身，舉體凍瘃，皮肉墮落苦毒辛酸，悲號叫喚然後命終。」

佛告比丘：「黑繩大地獄有十六小地獄，周匝圍遶，各各縱廣五百由旬，從黑繩地獄至寒氷地獄。何故名為黑繩地獄？其諸獄卒捉彼罪人撲熱鐵上，舒展其身，以熱鐵繩絣之使直，以熱鐵斧逐繩道斫，*斫彼罪人作百千段。猶如工匠以繩絣木，利斧隨斫作百千段，治彼罪人亦復如是。苦毒辛酸不可稱計，餘罪未畢故使不死，是⊙故名為黑繩地獄。

「復次，黑繩地獄獄卒捉彼罪人撲熱鐵上，舒展其身，以鐵繩絣，以鋸鋸之。猶如工匠以繩絣木，以鋸鋸之，治彼罪人亦復如是。苦痛辛酸不可稱計，餘罪未畢故使不死，是故名為黑繩地獄。

「復次，黑繩地獄捉彼罪人撲熱鐵上，舒展其身，以熱鐵繩置其身上，燒皮徹肉燋骨沸髓，苦毒辛酸痛不可計，餘罪未畢故使不死，故名黑繩地獄。

「復次，黑繩地獄獄卒懸熱鐵繩交橫無數，驅迫罪人使行繩間，惡風暴起吹諸鐵繩，歷落其身，燒皮徹肉燋骨沸髓，苦毒萬端不可稱計，餘罪未畢故使不死，故名黑繩。

「復次，黑繩獄卒以熱鐵繩衣驅罪人被之，燒皮徹肉燋骨沸髓，苦毒萬端不可稱計，餘罪未畢故使不死，故名黑繩。其彼罪人久受苦已，乃出黑繩地獄，慞惶馳走求自救護，宿對所牽，不覺忽至黑沙地獄，乃至寒氷地獄，然後命終，亦復如是。」

佛告比丘：「堆壓大地獄有十六小地獄，周匝圍遶，各各縱廣五百由旬。何故名為堆壓地獄？其地獄中有大石山，兩兩相對，罪人入中山自然合，堆壓其身骨肉糜碎，山還故處。猶如以木擲木彈却還離，治彼罪人亦復如是。苦毒萬端不可稱計，餘罪未畢故使不死，是故名曰堆壓地獄。

「復次，堆壓地獄有大鐵象，舉身火然哮呼而來，蹴蹹罪人宛轉其上，身體糜碎膿血流出，苦毒辛酸號咷悲叫，餘罪未畢故使不死，故名堆壓。

「復次，堆壓地獄其中獄卒捉諸罪人置於磨石中，以磨磨之，骨肉糜碎膿血流出，苦毒辛酸不可稱計，其罪未畢故使不死，故名堆壓。

「復次，堆壓獄卒捉彼罪人臥大石上，以大石壓，骨肉糜碎膿血流出，苦痛辛酸萬毒竝至，餘罪未畢故使不死，故名堆壓。

「復次，堆壓獄卒取彼罪人臥鐵臼中，以鐵杵擣從足至頭，皮肉糜碎膿血流出，苦痛辛酸萬毒竝至，餘罪未畢故使不死，故名堆壓。

其彼罪人久受苦已，乃出堆壓地獄，慞惶馳走求自救護，宿罪所牽，不覺忽至黑沙地獄，乃至寒氷地獄，然後命終，亦復如是。」

佛告比丘：「叫喚大地獄有十六小地獄，周匝圍遶，各各縱廣五百由旬。何故名為叫喚地獄？其諸獄卒捉彼罪人擲大鑊中，熱湯涌沸煮彼罪人，號咷叫喚，苦痛辛酸萬毒竝至，餘罪未畢故使不死，故名叫喚地獄。

「復次，叫喚地獄其諸獄卒取彼罪人擲大鐵瓮中，熱湯涌沸而煮罪人，號咷叫喚苦切辛酸，餘罪未畢故使不死，故名叫喚。

「復次，叫喚地獄其諸獄卒取彼罪人置大鐵鍑中，熱湯涌沸煮彼罪人，號咷叫喚苦痛辛酸，餘罪未畢故使不死，故名叫喚。

「復次，叫喚地獄其諸獄卒取彼罪人擲小鍑中，熱湯涌沸煮彼罪人，號咷叫喚苦痛辛酸，餘罪未畢故使不死，故名叫喚地獄。

「復次，叫喚地獄其諸獄卒取彼罪人擲大鏊上，反覆煎熬，號咷叫喚苦痛辛酸，餘罪未畢故使不死，故名叫喚。久受苦已，乃出叫喚地獄，慞惶馳走求自救護，宿對所牽，不覺忽至黑沙地獄，乃至寒氷地獄，爾乃*命終，⊙亦復如是☆。」

佛告比丘：「大叫喚地獄有十六小獄，周匝圍遶。何故名為大叫喚地獄？其諸獄卒取彼罪人著大鐵釜中，熱湯涌沸而煮罪人，號咷叫喚，大叫喚，苦痛辛酸萬毒並至，餘罪未畢故使不死，故名大叫喚地獄。

「復次，大叫喚地獄其諸獄卒取彼罪人擲大鐵瓮中，熱湯涌沸而煮罪人，號咷叫喚，大叫喚，苦切辛酸萬毒並至，餘罪未畢故使不死，故名大叫喚地獄。

「復次，大叫喚⊙地獄其諸☆獄卒取彼罪人置鐵鑊中，熱湯涌沸煮彼罪人，號咷叫喚，苦毒辛酸萬毒並至，餘罪未畢故使不死，故名大叫喚地獄。

「復次，大叫喚地獄其諸獄卒取彼罪人擲小鍑中，熱湯涌沸煮彼罪人，號咷叫喚，大叫喚，苦痛辛酸萬毒並至，故名大叫喚。

「復次，大叫喚地獄其諸獄卒取彼罪人擲大鏊上，反覆煎熬，號咷叫喚，大叫喚，苦痛辛酸萬毒並至，餘罪未畢故使不死，故名大叫喚。久受苦已，乃出大叫喚地獄，慞惶馳走求自救護，宿對所牽，不覺忽至黑沙地獄，乃至寒氷地獄，爾乃命終，⊙亦復如是☆。」

佛告比丘：「燒炙大地獄有十六小獄，周匝圍遶。何故名為燒炙大地獄？爾時獄卒將諸罪人置鐵城中，其城火然內外俱赤，燒炙罪人皮肉燋爛，苦痛辛酸萬毒並至，餘罪未畢故使不死，是故名為燒炙地獄。

「復次，燒炙地獄其諸獄卒將彼罪人入鐵室內，其室火然內外俱赤，燒炙罪人皮肉燋爛，苦痛辛酸萬毒並至，餘罪未畢故使不死，是故名為燒炙地獄。

「復次，燒炙地獄其諸獄卒取彼罪人著鐵樓上，其樓火然內外俱赤，燒炙罪人皮肉燋爛，苦痛辛酸萬毒並至，餘罪未畢故使不死，是故名為燒炙地獄。

「復次，燒炙地獄其諸獄卒取彼罪人擲著大鐵陶中，其陶火燃內外俱赤，燒炙罪人皮肉燋爛，苦痛辛酸萬毒並至，餘罪未畢故使不死，是故名為燒炙地獄。

「復次，燒炙地獄其諸獄卒取彼罪人擲大鏊上，其鏊火然中外俱赤，燒炙罪人皮肉燋爛，苦痛辛酸萬毒並至，餘罪未畢故使不死，久受苦已，乃出燒炙地獄，慞惶馳走求自救護，宿罪所牽，不覺忽至黑沙地獄，乃至寒氷地獄，然後命終，亦復如是。」

佛告比丘：「大燒炙地獄有十六小獄，周匝圍遶，各各縱廣五百由旬。云何名大燒炙地獄？其諸獄卒將諸罪人置鐵城中，其城火然內外俱赤，燒炙罪人，重大燒炙皮肉燋爛，苦痛辛酸萬毒並至，餘罪未畢故使不死，是故名為大燒炙地獄。

「復次，大燒炙地獄其諸獄卒將諸罪人入鐵室中，其室火燃內外俱赤，燒炙罪人，重大燒炙皮肉燋爛，苦痛辛酸萬毒並至，餘罪未畢故使不死，是故名為大燒炙地獄。

「復次，大燒炙地獄其諸獄卒取彼罪人著鐵樓上，其樓火燃內外俱赤，燒炙罪人，重大燒炙皮肉燋爛，苦痛辛酸萬毒並至，餘罪未畢故使不死，是故名曰大燒炙地獄。

「復次，大燒炙地獄其諸獄卒取彼罪人著大鐵陶中，其陶火然內外俱赤，燒炙罪人，重大燒炙，苦痛辛酸萬毒並至，餘罪未畢故使不死，是故名為大燒炙地獄。

「復次，大燒炙地獄中自然有大火坑，火焰熾盛，其坑兩岸有大火山，其諸獄卒捉彼罪人貫鐵叉上，竪著火中燒炙其身，重大燒炙皮肉燋爛，苦痛辛酸萬毒並至，餘罪未畢故使不死。久受苦已，然後乃出大燒炙地獄，慞惶馳走求自救護，宿對所牽，不覺忽至黑沙地獄，乃至寒氷地獄，爾乃命終，亦復如是。」

佛告比丘：「無間大地獄有十六小獄，周匝圍遶，各各縱廣五百由旬。云何名無間地獄？其諸獄卒捉彼罪人剝其皮，從足至頂，即以其皮纏罪人身，著火車輪，疾駕火車輾熱鐵地，周行往返，身體碎爛皮肉墮落，苦痛辛酸萬毒並至，餘罪未畢故使不死，是故名為無間地獄。

「復次，無間大地獄有大鐵城，其城四面有大火起，東焰至西，西焰至東，南焰至北，北焰至南，上焰至下，下焰至上，焰熾迴遑無間空處，罪人在中東西馳走，燒炙其身皮肉燋爛，苦痛辛酸萬毒並至，餘罪未畢故使不死，是故名為無間地獄。

「復次，無間大地獄中有鐵城，火起洞然罪人在中，火焰燎身皮肉燋爛，苦痛辛酸萬毒並至，餘罪未畢故使不死，是故名為無間地獄。

「復次，大無間地獄罪人在中，久乃門開，其諸罪人騎走往趣，彼當走時，身諸肢節皆火焰出。猶如力士執大草炬逆風而走，其焰熾然，罪人走時亦復如是。走欲至門，門自然閉，罪人蹁跼伏熱鐵地，燒炙其身皮肉燋爛，苦痛辛酸萬毒並至，餘罪未畢故使不死，是故名為無間地獄。

「復次，無間地獄其中罪人，舉目所見，但見惡色；耳有所聞，但聞惡聲；鼻有所聞，但聞臭惡；身有所觸，但觸苦痛；意有所念，但念惡法。又其罪人彈指之頃，無不苦時，故名無間地獄。其中眾生久受苦已，從無間出，慞惶馳走求自救護，宿對所牽，不覺忽*至黑沙地獄乃至寒氷地獄，爾乃命終，亦復如是。」

爾時世尊即說頌曰：

身為不善業，　口意亦不善；
斯墮想地獄，　怖懼衣毛竪。

惡意向父母，佛及諸聲聞；則墮黑繩獄，苦痛不可稱。
但造三惡業，不修三善行；墮堆壓地獄，苦痛不可稱。
瞋恚懷毒害，殺生血污手；造諸雜惡行，墮叫喚地獄。
常習衆邪見，為愛網所覆；造此卑陋行，墮大叫喚獄。
常為燒炙行，燒炙諸衆生；墮燒炙地獄，長夜受燒炙。
捨於善果業，善果清淨道；為衆弊惡行，墮大燒炙獄。
為極重罪行，必生惡趣業；墮無間地獄，受罪不可稱。
想及黑繩獄，堆壓二叫喚；燒炙大燒炙，無間為第八。
此八大地獄，洞然火光色；斯由宿惡殃，小獄有十六。

佛告比丘：「彼二大金剛山間有大風起，名為增佉，若使此風來至此四天下及八千天下者，吹此大地及諸名山須彌山王，去地十里，或至百里，飛颺空中皆悉靡碎。譬如壯士，手把輕糠散於空中，*彼大風力，若使來者，吹此天下亦復如是。由有二大金剛山遮止此風，故使不來。比丘！當知此金剛山多所饒益，亦是眾生行報所致。

「又彼二山間風，焰熾猛熱，若使彼風來至此四天下者，其中眾生、山河、江海、草木、叢林皆當燋枯。猶如盛夏斷生濡草，置於日中尋時萎枯；彼風如是，若使來至此世界，熱氣燒炙，亦復如是。由此二大金剛山遮止此風，故使不來。比丘！當知此金剛山多所饒益，亦是眾生行報所致。

「又彼二山間風，臭處不淨，腥穢酷烈，若使來至此天下者，熏此眾生皆當失目，由此二金剛山遮止此風，故使不來。比丘！當知此金剛山多所饒益，亦是眾生行報所致。

「又彼二山中間復有十地獄：一名厚雲，二名無雲，三名呵呵，四名奈何，五名羊鳴，六名須乾提，七名優鉢羅，八名拘物頭，九名分陀利，十名鉢頭摩。云何厚雲地獄？其獄罪人自然生身，譬如厚雲，故名厚雲。云何名曰無雲？其彼獄中受罪眾生，自然生身猶如段肉，故名無雲。云何名呵呵？其地獄中受罪眾生，苦痛切身皆稱呵呵，故名呵呵。云何名奈何？其地獄中受罪眾生，苦痛酸切無所歸依，皆稱奈何，故名奈何。云何名羊鳴？其地獄中受罪眾生，苦痛切身，欲舉聲語舌不能轉，直如羊鳴，故名羊鳴。云何名須乾提？其地獄中舉獄皆黑，如須乾提華色，故名須乾提。云何名優鉢羅？其地獄中舉獄皆青，如優鉢羅華，故名優鉢羅。云何名俱物頭？其地獄中舉獄皆紅，如俱物頭華色，故名俱物頭。云何名分陀利？其地獄中舉獄皆白，如分陀利華色，故名分陀利。云何名鉢頭摩？其地獄中舉獄皆赤，如鉢頭摩華色，故名鉢頭摩。」

佛告比丘：「喻如有篅受六十四斛，滿中胡麻，有人百歲持一麻去，如是至盡，厚雲地獄受罪未竟。如二十厚雲地獄壽與一無雲地獄壽等，如二十無雲地獄壽與一呵呵地獄壽等，如二十呵呵地獄壽與一奈何地獄壽等，如二十奈何地獄壽與一羊鳴地獄壽等，如二十羊鳴地獄壽與一須乾提地獄壽等，如二十須乾提地獄壽與一優鉢羅地獄壽等，如二十優鉢羅地獄壽與一拘物頭地獄壽等，如二十拘物頭地獄壽與一分陀利地獄壽等，如二十分陀利地獄壽與一鉢頭摩地獄壽等。如二十鉢頭摩地獄壽，名一中劫；如二十中劫，名一大劫。鉢頭摩地獄中火焰熱熾盛，罪人去火一百由旬，火已燒炙；去六十由旬，兩耳已聾無所聞知；去五十由旬，兩目已盲無所復見。瞿波梨比丘已懷惡心，謗舍利弗、目犍連，身壞命終，墮此鉢頭摩地獄中。」

爾時梵王說此偈言：

夫士之生，　斧在口中；　所以斬身，　由其惡*言。
應毀者譽，　應譽者毀；　口為惡業，　身受其罪。
技術取財，　其過薄少；　毀謗賢聖，　其罪甚重。

百千無雲壽，　四十一雲壽；　謗聖受斯殃，　由心口為惡。

佛告比丘：「彼梵天說如是偈，為真正言，佛所印可。所以者何？我今如來、至真、等正覺亦說此義：

夫士之生，　斧在口中；　所以斬身，　由其惡言。
應毀者譽，　應譽者毀；　口為惡業，　身受其罪。
技術取財，　其過薄少；　毀謗賢聖，　其罪甚重。
百千無雲壽，　四十一雲壽；　謗聖受斯殃，　由心口為惡。」

佛告比丘：「閻浮提南大金剛山內，有閻羅王宮，王所治處縱廣六千由旬，其城七重，七重欄楯、七重羅網、七重行樹，乃至無數眾鳥相和悲鳴，亦復如是。然彼閻羅王晝夜三時，有大銅鑊自然在前。

若鑊出宮內，王見畏怖捨出宮外，若鑊出宮外，王見畏怖捨入宮內。有大獄卒，捉閻羅王臥熱鐵上，以鐵鉤擗口使開，洋銅灌之燒其脣舌，從咽至腹通徹下過，無不燋爛。受罪訖已，復與諸婇女共相娛樂；彼諸大臣同受福者，亦復如是。」

佛告比丘：「有三使者，云何為三？一者、老，二者、病，三者、死。有衆生身行惡，口言惡，心念惡，身壞命終，墮地獄中，獄卒將此罪人詣閻羅王所。到已白言：『此是天使所召也，唯願大王善問其辭！』王問罪人言：『汝不見初使耶？』罪人報言：『我不見也。』王復告曰：『汝在人中時頗見老人頭白齒落，目視矇矇皮緩肌*皺，僂脊*拄杖呻吟而行，身體戰掉氣力衰微。見此人不？』罪人言：

『見。』王復告曰：『汝何不自念我亦如是？』彼人報言：『我時放逸，不自覺知。』王復語言：『汝自放逸，不能修身、口、意，改惡從善，今當令汝知放逸苦。』王又告言：『今汝受罪，非父母過，非兄弟過，亦非天帝，亦非先祖，亦非知識、僮僕、使人，亦非沙門、婆羅門過。汝自有惡，汝今自受。』

「時閻羅王以第一天使問罪人已，復以第二天使問罪人言：『云何汝不見第二天使耶？』對曰：『不見。』王又問言：『汝本為人時，頗見人疾病困篤，臥著牀褥屎尿臭處，身臥其上不能起居，飲食須人百節酸疼，流淚呻吟不能言語。汝見是不？』答曰：『見。』王又報言：『汝何不自念：如此病苦，我亦當爾？』罪人報言：『我時放逸，不自覺知。』王又語言：『汝自放逸，不能修身、口、意，改惡從善，今當令汝知放逸苦。』王又告言：『今汝受罪，非父母過，非兄弟過，亦非天帝過，亦非先祖，亦非知識、僮僕、使人，亦非沙門、婆羅門過。汝自為惡，汝今自受。』

「時閻羅王以第二天使問罪人已，復以第三天使問罪人言：『云何汝不見第三天使耶？』答言：『不見。』王又問言：『汝本為人時，頗見人死，身壞命終諸根永滅，身體挺直猶如枯木，捐棄塚間鳥獸所食，或衣棺槨或以火燒。汝見是不？』罪人報曰：『實見。』王又報言：『汝何不自念：我亦當死，與彼無異？』罪人報言：『我時放逸，不自覺知。』王復語言：『汝自放逸，不能修身、口、意，改惡從善，今當令汝知放逸苦。』王又告言：『汝今受罪，非父母過，非兄弟過，亦非天帝，亦非先祖，亦非知識、僮僕、使人，亦非沙門、婆羅門過。汝自為惡，汝今自受。』時閻羅王以三天使具詰問已，即付獄卒。時彼獄卒即將罪人詣大地獄，其大地獄縱廣百由旬，下深百由旬。」

爾時世尊即說偈言：

四方有四門，　巷陌皆相當；　以鐵為獄牆，　上覆鐵羅網；
以鐵為下地，　自然火焰出；　縱廣百由旬，　安住不傾動。
黑焰熢㶿起，　赫烈難可覩；　小獄有十六，　火熾由行惡。

佛告比丘：「時閻羅王自生念言：『世間眾生迷惑無識，身為惡行，口、意為惡，其後命終，少有不受此苦。世間眾生若能改惡，修身、口、意為善行者，命終受樂如彼天神。我若命終生人中者，若遇如來，當於正法中剃除鬚髮，服三法衣，出家修道，以清淨信修淨梵行：所作已辦，斷除生死，於現法中自身作證，不受後有。』」

爾時世尊以偈頌曰：

雖見天使者，　而猶為放逸；　其人常懷憂，　生於卑賤處。
若有智慧人，　見於天使者；　親近賢聖法，　而不為放逸。
見受生恐畏，　由生老病死；　無受則解脫，　生老病死盡。
彼得安隱處，　現在得無為；　已渡諸憂畏，　決定般涅槃。

佛說長阿含第四分世記經龍鳥品第五

佛告比丘：「有四種龍，何等為四？一者、卵生，二者、胎生，三者、濕生，四者、化生，是為四種。有四種金翅鳥，何等為四？一者、卵生，二者、胎生，三者、濕生，四者、化生，是為四種。大海水底有娑竭龍王宮，縱廣八萬由旬，宮牆七重，七重欄楯、七重羅網、七重行樹，周匝嚴飾，皆七寶成，乃至無數衆鳥相和而鳴，亦復如是。須彌山王與佉陀羅山，二山中間有難陀、*跋難陀二龍王宮，各各縱廣六千由旬，宮牆七重，七重欄楯、七重羅網、七重行樹，周匝校飾，以七寶成，乃至無數衆鳥相和而鳴，亦復如是。

「大海北岸有一大樹，名究羅睒摩羅，龍王、金翅鳥共有此樹。其樹下圍七由旬，高百由旬，枝葉四布五十由旬。此大樹東有卵生龍王宮、卵生金翅鳥宮，其宮各各縱廣六千由旬，宮牆七重，七重欄楯、七重羅網、七重行樹，周匝校飾，以七寶成，乃至無數衆鳥相和悲鳴，亦復如是。其究羅睒摩羅樹南有胎生龍王宮、胎生金翅鳥宮，其宮各各縱廣六千由旬，宮牆七重，七重欄楯、七重羅網、七重行樹，周匝校飾，以七寶成，乃至無數衆鳥相和悲鳴，亦復如是。

「究羅睒摩羅樹西有濕生龍宮、濕生金翅鳥宮，其宮各各縱廣六千由旬，宮牆七重，七重欄楯、七重羅網、七重行樹，周匝校飾，以七寶成，乃至無數衆鳥相和而鳴，亦復如是。究羅睒摩羅樹北有化生龍王宮、化生金翅鳥宮，其宮各各縱廣六千由旬，宮牆七重，七重欄楯、七重羅網、七重行樹，周匝校飾，以七寶成，乃至無數眾鳥相和悲鳴，亦復如是。

「若卵生金翅鳥欲搏食龍時，從究羅睒摩羅樹東枝飛下，以翅搏大海水，海水兩*披二百由旬，取卵生龍食之，隨意自在，而不能取胎生、濕生、化生諸龍。

「若胎生金翅鳥欲搏食卵生龍時，從樹東枝飛下，以翅搏大海水，海水兩披二百由旬，取卵生龍食之，自在隨意。若胎生金翅鳥欲食胎生龍時，從樹南枝飛下，以翅搏大海水，海水兩披四百由旬，取胎生龍食之，隨意自在，而不能取濕生、化生諸龍食也。

「濕生金翅鳥欲食卵生龍時，從樹東枝飛下，以翅搏大海水，海水兩披二百由旬，取卵生龍食之，自在隨意。濕生金翅鳥欲食胎生龍時，於樹南枝飛下，以翅搏大海水，海水兩披四百由旬，取胎生龍食之，自在隨意。濕生金翅鳥欲食濕生龍時，於樹西枝飛下，以翅搏大海水，海水兩披八百由旬，取濕生龍食之，自在隨意，而不能取化生龍食。

「化生金翅鳥欲食卵生龍時，從樹東枝飛下，以翅搏大海水，海水兩披二百由旬，取卵生龍食之，自在隨意。化生金翅鳥欲食胎生龍時，從樹南枝飛下，以翅搏大海水，海水兩披四百由旬，取胎生龍食之，隨意自在。化生金翅鳥欲食濕生龍時，從樹西枝飛下，以翅搏大海水，海水兩披八百由旬，取濕生龍食之。化生金翅鳥欲食化生龍時，從樹北枝飛下，以翅搏大海水，海水兩披千六百由旬，取化生龍食之，隨意自在。是為金翅鳥所食諸龍。

「復有大龍，金翅鳥所不能*食。何者是？娑竭龍王、難陀龍王、跋難陀龍王、伊那婆羅龍王、提頭賴吒龍王、善見龍王、阿盧龍王、伽拘羅龍王、伽毗羅龍王、阿波羅龍王、伽㝹龍王、瞿伽㝹龍王、阿耨達龍王、善住龍王、優睒伽波頭龍王、得叉伽龍王，此諸大龍王皆不為金翅鳥之所搏食。其有諸龍在近彼住者，亦不為金翅鳥之所搏食。」

佛告比丘：「若有眾生奉持龍戒，心意向龍，具龍法者，即生龍中。若有眾生奉持金翅鳥戒，心向金翅鳥，具其法者，便生金翅鳥中。或有衆生持兎梟戒者，心向兎梟，具其法者，墮兎梟中。若有衆生奉持狗戒，或持牛戒，或持鹿戒，或持瘂戒，或持摩尼婆陀戒，或持火戒，或持月戒，或持日戒，或持水戒，或持供養火戒，或持苦行穢汙法，彼作是念：我持此瘂法、摩尼婆陀法、火法、日月法、水法、供養火法、諸苦行法，我持此功德，欲以生天，此是邪見。」

佛言：「我說此邪見人必趣二處：若生地獄，有墮*畜生。或有沙門、婆羅門有如是論、如是見：『我、世間有常，此實餘虛。我及世間無常，此實餘虛。我及世間有常無常，此實餘虛。我及世間非有常非無常，此實餘虛。我、世⊙間有邊，此實餘虛。我、世無邊，此實餘虛。我、世有邊無邊，此實餘虛。我、世非有邊非無邊，此實餘虛。是命是身，此實餘虛。是命異身異，此實餘虛。非有命非無命，此實餘虛。無命無身，此實餘虛。』或有人言：『有如是他死，此實餘虛。』有言：『無如是他死，此實餘虛。』或言：『有如是無如是他死，此實餘虛。』又言：『非有非無如是他死，此實餘虛。』

「彼沙門、婆羅門若作如是論、如是見者，言世是常，此實餘虛者，彼於行有我見、命見、身見、世間見，是故彼作是言：『我、世間有常。』彼言無常者，於行有我見、命見、身見、世間見，是故彼言：『我、世間無常。』彼言有常無常者，彼*於行☆有我見、命見、身見、世間見，故言：『世間有常無常。』彼言非有常非無常者，於行有我見、命見、身見、世間見，故言：『我世間非有常非無常。』

「彼言我、世間有邊者，於行有我見、命見、身見、世間見，⊙故言：『命有邊，身有邊，世間有邊。』從初受胎至於塚間，所有四大身如是展轉，極至七生，身、命行盡，我入清淨聚，是故彼言：『我有邊。』彼言我、世間無邊者，於行有我見、命見、身見、世間見，言：『命無邊，身無邊，世間無邊。』從初受胎至於塚間，所有四大身如是展轉，極至七生，身、命行盡，我入清淨聚，是⊙故言：『我、世間無邊。』彼作是言：『此世間有邊無邊。』彼於行有我見、命見、身見、世間見，命有邊無邊，從初受胎至於塚間，所有四大身如是展轉，極至七生，身、命行盡，我入清淨聚，是故言：『我有邊無邊。』彼作是言：『我、世間非有邊非無邊。』於行有我見、命見、身見、世間見，命身非有邊非無邊，從初受胎至於塚間，所有四大身如是展轉，極至七生，身、命行盡，我入清淨聚，是故言：『我非有邊非無邊。』

「彼言是命是身者，於此身有命見，於餘身有命見，是故言：『是命是身。』言命異身異者，於此身有命見，於餘身無命見，是故言：『命異身異。』彼言身命非有非無者，於此身無命見，於餘身有命見，是故言：『非有非無。』彼言無身命者，此身無命見，餘身無命見，是故言：『無命無身。』彼言有如是他死者，其人見今有⊙身命，後更有身、命遊行，是故言：『有如是他死。』無如是他死者，彼言今世有命，後世無命，是故言：『無如是他死。』有如是他死無如是他死者，彼言今世命斷滅，後世命遊行，是故言：『有如是他命無如是他命。』非有非無如是他死者，彼言今身、命斷滅，後身、命斷滅，是故言：『非有非無如是他死。』」

爾時世尊告諸比丘言：「乃往過去有王名鏡面，時集生盲人聚在一處，而告之曰：『汝等生盲！寧識象不？』對曰：『大王！我不識、不知。』王復告言：『汝等欲知彼形類不？』對曰：『欲知。』時王即勅侍者使將象來，令衆盲子手自捫*摸。中有摸象得鼻者，王言此是象。或有摸象得其牙者，或有摸象得其耳者，或有摸象得其頭者，或有摸象得其背者，或有摸象得其腹者，或有摸象得其髀者，或有摸象得其膞者，或有摸象得其跡者，或有摸象得其尾者，王皆語言：

『此是象也。』

「時鏡面王即却彼象，問盲子言：『象何等類？』其諸盲子，得象鼻者，言象如曲轅；得象牙者，言象如杵；得象耳者，言象如箕；得象頭者，言象如鼎；得象背者，言象如丘阜；得象腹者，言象如壁；得象髀者，言象如樹；得象膊者，言象如柱；得象跡者，言象如臼；得象尾者，言象如絙。各各共諍互相是非，此言如是，彼言不爾，云云不已，遂至鬪諍。時王見此，歡喜大笑。

「爾時鏡面王即說頌曰：

諸盲人群集，　於此競諍訟；
象身本一體，　異相生是非。」

佛告比丘：「諸外道異學亦復如是，不知苦諦，不知習諦、盡諦、道諦，各生異見互相是非，謂己為是便起諍訟。若有沙門、婆羅門能如實知苦聖諦、苦習聖諦、苦滅聖諦、苦出要諦，彼自思惟，相共和合，同一受，同一師，同一水乳，熾然佛法，安樂久住。」

爾時世尊而說偈言：

若人不知苦，　不知苦所起；　亦復不知苦，　所可滅盡處；
亦復不能知，　滅於苦集道。　失於心解脫，　慧解脫亦失；
不能究苦本，　生老病死源。　*若能諦知苦，　知苦所起因；
亦能知彼苦，　所可滅盡處；　又能善分別，　滅苦集聖道；
則得心解脫，　慧解脫亦然。　斯人能究竟，　苦陰之根本；
盡生老病死，　受有之根原。

「諸比丘！是故汝等當勤方便，思惟苦聖諦、苦集聖諦、苦滅聖諦、苦出要諦。」

佛說長阿含經卷第十九

佛說長阿含經卷第二十

後秦弘始年佛陀耶舍共竺佛念譯

第四分世記經阿須倫品第六

佛告比丘：「須彌山北大海水底有羅呵阿須倫城，縱廣八萬由旬，其城七重，七重欄楯、七重羅網、七重行樹，周匝校飾，以七寶成。城高三千由旬，廣二千由旬。其城門高一千由旬，廣千由旬，金城銀門，銀城金門，乃至無數衆鳥相和而鳴，亦復如是。其阿須倫王所治小城，當大城中，名輪輸摩跋吒，縱廣六萬由旬，其城七重，七重欄楯、七重羅網、七重行樹，周匝校飾，七寶所成。城高三千由旬，廣二千由旬。其城門高二千由旬，廣千由旬，金城銀門，銀城金門，乃至無數衆鳥相和而鳴，亦復如是。

「於其城內別立議堂，名曰七尸利沙，堂牆七重，七重欄楯、七重羅網、七重行樹，周匝校飾，七寶所成。議堂下基純以車𤦲，其柱椺純以七寶。其堂中柱圍千由旬，高萬由旬。當此柱下有正法座，縱廣七百由旬，彫文刻鏤，七寶所成。堂有四戶，周匝欄楯，階亭七重，七重欄楯、七重羅網、七重行樹，周匝校飾，七寶所成，乃至衆鳥相和而鳴，亦復如是。其議堂北有阿須倫宮殿，縱廣萬由旬，宮牆七重，七重欄楯、七重羅網、七重行樹，周匝校飾，以七寶成，乃至無數衆鳥相和悲鳴，亦復如是。其議堂東有一園林，名曰娑羅，縱廣萬由旬，園牆七重，七重欄楯、七重羅網、七重行樹，周匝校飾，以七寶成，乃至無數衆鳥相和悲鳴，亦復如是。其議堂南有一園林，名曰極妙，縱廣萬由旬如娑羅園。其議堂西有一園林，名曰睒摩，縱廣萬由旬亦如娑羅園林。其議堂北有一園林，名曰樂林，縱廣萬由旬亦如娑羅園林。

「娑羅、極妙二園中間生晝度樹，下圍七由旬，高百由旬，枝葉四布五十由旬，樹牆七重，七重欄楯、七重羅網、七重行樹，周匝校飾，以七寶成，乃至無數衆鳥相和而鳴，亦復如是。又其睒摩、樂林二園中間有跋難陀池，其水清涼，無有垢穢，寶塹七重，周匝砌厠，七重欄楯、七重羅網、七重行樹，周匝校飾，七寶所成。於其池中生四種華，華葉縱廣一由旬，香氣流布亦一由旬。根如車轂，其汁流出色白如乳，味甘如蜜，無數衆鳥相和而鳴。又其池邊有七重階亭，門牆七重，七重欄楯、七重羅網、七重行樹，周匝校飾，七寶所成，乃至無數衆鳥相和悲鳴，亦復如是。

「其阿須倫王臣下宮殿，有縱廣萬由旬者，有九千、八千，極小宮殿至千由旬，宮牆七重，七重欄楯、七重羅網、七重行樹，周匝校飾以七寶成，乃至無數衆鳥相和而鳴，亦復如是。其小阿須倫宮殿有縱廣千由旬、九百、八百，極小宮殿至百由旬，皆宮牆七重，七重欄楯、七重羅網、七重行樹，周匝校飾，七寶所成，乃至無數衆鳥相和悲鳴，亦復如是。

「其議堂北有七寶階道入於宮中，復有階道趣娑羅園，復有階道趣極妙園，復有階道趣睒摩園，復有階道趣樂林園，復有階道趣晝度樹，復有階道趣跋難陀池，復有階道趣大臣宮殿，復有階道趣小阿須倫宮殿。

「若阿須倫王欲詣娑羅園遊觀時，即念毗摩質多阿須倫王，毗摩質多阿須倫王復自念言：『羅呵阿須倫王念我。』即自莊嚴駕乘寶車，無數大衆侍從圍遶，詣羅呵阿須倫王前，於一面立。時阿須倫王復念*彼羅呵阿須倫王，*彼羅呵阿須倫王復自念言：『*今王☆念我。』

即自莊嚴駕乘寶車，無數大衆侍從圍遶，詣[1]羅呵王前，於一面立。

「時阿須倫王復念睒摩羅阿須倫王，睒摩羅阿須倫王復自念言：『今王念我。』即自莊嚴駕乘寶車，無數大衆侍從圍遶，詣羅呵王前，於一面立。時王復念大臣阿須倫，大臣阿須倫復自念言：『今王念我。』即自莊嚴駕乘寶車，無數大衆侍從圍遶，詣羅呵王前，於一面立。時王復念小阿須倫，小阿須倫復自念言：『今王念我。』即自莊嚴，與諸大衆詣羅呵王前，於一面立。

「時羅呵王身著寶衣，駕乘寶車，與無數大衆前後圍遶，詣娑羅林中，有自然風吹門自開，有自然風吹地令淨，有自然風吹花散地，花至於膝。時羅呵王入此園已，共相娛樂，一日、二日乃至七日，娛樂訖已便還本宮。其後遊觀極妙園林、睒摩園林、樂園林，亦復如是。時羅*呵王常有五大阿須倫侍衛左右：一名提持，二名雄力，三名武夷，四名頭首，五名摧伏，此五大阿須倫常侍衛左右。其羅呵王宮殿在大海水下，海水在上，四風所持：一名住風，二名持風，三名不動，四*名堅固。持大海水懸處虛空，猶如浮雲，去阿須倫宮一萬由旬終不墮落。阿須倫王福報、功德、威神如是。」

佛說長阿含第四分世記經四天王品第七

佛告比丘：「須彌山王東千由旬提頭賴吒天王城，名賢上，縱廣六千由旬，其城七重，七重欄楯、七重羅網、七重行樹，周匝校飾，以七寶成，乃至無數衆鳥相和而鳴，亦復如是。須彌山南千由旬有毗樓勒天王城，名善見，縱廣六千由旬，其城七重，七重欄楯、七重羅網、七重行樹，周匝校飾，以七寶成，乃至無數衆鳥相和而鳴，亦復如是。須彌山西千由旬有毗樓婆叉天王城，名周羅善見，縱廣六千由旬，其城七重，七重欄楯、七重羅網、七重行樹，周匝校飾，以七寶成，乃至無數衆鳥相和而鳴，亦復如是。須彌山北千由旬有毗沙門天王，王有三城：一名可畏，二名天敬，三名衆歸，各各縱廣六千由旬。其城七重，七重欄楯、七重羅網、七重行樹，周匝校飾，以七寶成，乃至無數衆鳥相和而鳴，亦復如是。

「衆歸城北有園林，名伽毗延頭，縱廣四千由旬，園牆七重，七重欄楯、七重羅網、七重行樹，周匝校飾，以七寶成，乃至無數衆鳥相和而鳴，亦復如是。園城中間有池名那鄰尼，縱廣四十由旬，其水清澄，無有垢穢，以七寶塹厠砌其邊，七重欄楯、七重羅網、七重行樹，周匝校飾，七寶所成。中生蓮花，青、黃、赤、白、雜色，光照半由旬，其香芬薰聞半由旬。又其花根大如車轂，其汁流出色白如乳，味甘如蜜，乃至無數衆鳥相和悲鳴，亦復如是。

「除日月宮殿，諸四天王宮殿縱廣四十由旬，宮牆七重，七重欄楯、七重羅網、七重行樹，周匝校飾，以七寶成，乃至無數衆鳥相和而鳴，亦復如是。其諸宮殿有四十由旬、二十由旬，極小縱廣五由旬。從衆歸城有寶階道至賢上城，復有階道至善見城，復有階道至周羅善見城，復有階道至可畏城、天敬城，復有階道至伽毗延頭園，復有階道至那鄰尼池，復有階道至四天王大臣宮殿。

「若毗沙門天王欲詣伽毗延頭園遊觀時，即念提頭賴天王，提頭賴天王復自念言：『今毗沙門⊙天王念我。』即自莊嚴駕乘寶車，與無數乾沓和神前後圍遶，詣毗沙門天王前，於一面立。時毗沙門王復念毗樓勒天王，毗樓勒天王復自念言：『今毗沙門王念我。』即自莊嚴駕乘寶車，與無數究槃茶神前後圍遶，詣毗沙門天王前，於一面立。毗沙門王復念毗樓婆叉，毗樓婆叉復自念言：『今毗沙門王念我。』即自莊嚴駕乘寶車，無數龍神前後圍遶，詣毗沙門王前，於一面立。毗沙門王復念四天王大臣，四天王大臣復自念言：『今毗沙門王念我。』即自莊嚴駕乘寶車，無數諸天前後導從，詣毗沙門天王前，於一面立。

「時毗沙門天王即自莊嚴，著寶飾衣，駕乘寶車，與無數百千天神詣伽毗延頭園，有自然風吹門自開，有自然風吹地令淨，有自然風吹花散地，花至於膝。時王在園共相娛樂，一日、二日乃至七日，遊觀訖已還歸本宮。毗沙門王常有五大鬼神侍衛左右：一名般闍樓，二名檀陀羅，三名醯摩跋陀，四名提偈羅，五名修逸路摩，此五鬼神常隨侍衛。毗沙門王福報、功德、威神如是。」

佛說長阿含第四分世記經忉利天品第八

佛告比丘：「須彌山王頂上有三十三天城，縱廣八萬由旬，其城七重，七重欄楯、七重羅網、七重行樹，周匝校飾，以七寶成。城高百由旬，上廣六十由旬。城門高六十由旬，廣三十由旬。相去五百由旬有一門，其一一門有五百鬼神守侍衞護三十三天，金城銀門，銀城金門，乃至無數衆鳥相和悲鳴，亦復如是。其大城內復有小城，縱廣六萬由旬，其城七重，七重欄楯、七重羅網、七重行樹，周匝校飾，以七寶成。城高百由旬，廣六十由旬。城門相去五百由旬，高六十由旬，廣三十由旬，一一城門有五百鬼神侍衞門側，守護三十三天，金城銀門，銀城金門；水精城琉璃門，琉璃城水精門；赤珠城馬瑙門，馬瑙城赤珠門；車璖城衆寶門。

「其欄楯者，金欄銀桄，銀欄金桄；水精欄琉璃桄，琉璃欄水精桄；赤珠欄馬瑙桄，馬瑙欄赤珠桄；車璖欄衆寶桄。其欄楯上有寶羅網，其金羅網下懸銀鈴，其銀羅網下懸金鈴；琉璃羅網懸水精鈴，水精羅網懸琉璃鈴；赤珠羅網懸馬瑙鈴，馬瑙羅網懸赤珠鈴；車璖羅網懸衆寶鈴。其金樹者，金根金枝銀葉花實。其銀樹者，銀根銀枝金葉花實。其水精樹，水精根枝琉璃花葉。其琉璃樹，琉璃根枝水精花葉。其赤珠樹，赤珠根枝馬瑙花葉。馬瑙樹者，馬瑙根枝赤珠花葉。車璖樹者，車璖根枝衆寶花葉。

「其七重城，城有四門，門有欄楯。七重城上皆有樓閣臺觀周匝圍遶，有園林浴池，生衆寶花雜色參間，寶樹行列華果繁茂，香風四起悅可人心，鳧雁、鴛鴦、異類奇鳥，無數千種相和而鳴。其小城外中間有伊羅鉢龍宮，縱廣六千由旬，宮牆七重，七重欄楯、七重羅網、七重行樹，周匝校飾，以七寶成，乃至無數衆鳥相和悲鳴，亦復如是。

「其善見城內有善法堂，縱廣百由旬，七重欄楯、七重羅網、七重行樹，周匝校飾，以七寶成。其堂下基純以真金，上覆琉璃。其堂中柱圍十由旬，高百由旬，*其堂☆柱下敷天帝御座，縱廣一由旬。雜色間厠，以七寶成，其座柔軟，軟若天衣，夾座兩邊左右十六座。

「堂有四門，周匝欄楯，以七寶成。其堂階道縱廣五百由旬，門郭七重，七重欄楯、七重羅網、七重行樹，周匝校飾，以七寶成，乃至無數眾鳥相和而鳴，亦復如是。善見堂北有帝釋宮殿，縱廣千由旬，宮牆七重，七重欄楯、七重羅網、七重行樹，周匝校飾，以七寶成，乃至無數眾鳥相和悲鳴，亦復如是。

「善見堂東有園林，名曰麤澀，縱廣千由旬，園牆七重，七重欄楯、七重羅網、七重行樹，周匝校飾，以七寶成，乃至無數眾鳥相和而鳴，亦復如是。麤澀園中有二石垛，天金校飾：一名賢，二名善賢，縱廣各五十由旬，其石柔軟，軟若天衣。

「善見宮南有園林，名曰畫樂，縱廣千由旬，園牆七重，七重欄楯、七重羅網、七重行樹，周匝校飾，以七寶成，乃至無數眾鳥相和而鳴，亦復如是。其園內有二石垛，七寶所成，一名畫，二名善畫，各縱廣五十由旬，其埵柔軟，軟若天衣。

「善見堂西有園林，名雜，縱廣千由旬，園牆七重，七重欄楯、七重羅網、七重行樹，周匝校飾，七寶所成，乃至無數衆鳥相和而鳴，亦復如是。其園中有二石埵：一名善見，二名順善見，天金校飾，七寶所成，各縱廣五十由旬，其埵柔軟，軟若天衣。

「善見堂北有園林，名曰大喜，縱廣千由旬，園牆七重，七重欄楯、七重羅網、七重行樹，周匝校飾，以七寶成，乃至無數衆鳥相和而鳴，亦復如是。其園中有二石埵：一名喜，二名大喜，車𤦲校飾，縱廣五十由旬，其埵柔軟，軟若天衣。

「其麤澀園、畫樂園中間有難陀池，縱廣百由旬，其水清澄，無有垢穢，七重寶塹周匝砌廁，欄楯七重，七重羅網、七重行樹，周匝校飾，以七寶成。其池四面有四梯陛，周匝欄楯間以七寶，乃至無數衆鳥相和而鳴，亦復如是。又其池中生四種花，青、黃、赤、白、紅縹雜色間廁，其一花葉蔭一由旬，香氣芬熏聞一由旬，根如車轂，其汁流出，色白如乳，味甘如蜜，其池四面復有園林。

「其雜園林、大喜園林二園中間有樹名晝度，圍七由旬，高百由旬，枝葉四布五十由旬，樹外空亭縱廣五百由旬。宮牆七重，七重欄楯、七重羅網、七重行樹，周匝校飾，以七寶成，乃至無數衆鳥相和而鳴，亦復如是。

「其餘忉利天宮殿縱廣千由旬，宮牆七重，七重欄楯、七重羅網、七重行樹，周匝校飾，以七寶成，乃至無數衆鳥相和而鳴，亦復如是。其諸宮殿有縱廣九百、八百，極小百由旬，宮牆七重，七重欄楯、七重羅網、七重行樹，周匝校飾，乃至無數衆鳥相和而鳴，亦復如是。諸小天宮縱廣百由旬，有九十、八十，極小至十二由旬，宮牆七重，七重欄楯、七重羅網、七重行樹，周匝圍遶，以七寶成，乃至無數衆鳥相和而鳴，亦復如是。

「善見堂北有二階道至帝釋宮殿，善見堂東有二階道至麤澀園，復有階道至晝樂園觀，復有階道至雜園中，復有階道至大喜園，復有階道至大喜池，復有階道至晝度樹，復有階道至三十三天宮，復有階道至諸天宮，復有階道至伊羅鉢龍王宮。

「若天帝釋欲⊙至麤澀園中遊觀時，即念三十三天臣，三十三天臣即自念言：『今帝釋念我。』即自莊嚴駕乘寶車，與無數衆前後圍遶至帝釋前，於一面立。帝釋復念其餘諸天，諸天念言：『今帝釋念我。』即自莊嚴，與諸天衆相隨至帝釋前，於一面立。帝釋復念伊羅鉢龍王，伊羅鉢龍王復自念言：『今帝釋念我。』龍王即自變身出三十三頭，一一頭有六牙，一一牙有七浴池，一一浴池有七大蓮華，一一蓮花有一百葉，一一花葉有七玉女，鼓樂絃歌，抃舞其上。時彼龍王作此化已，詣帝釋前，於一面立。

「時釋提桓因著衆寶飾，瓔珞其身，坐伊羅鉢龍王第一頂上，其次兩邊各有十六天王，在龍頂上次第而坐。時天帝釋與無數諸天眷屬圍遶詣（麤）澀園，有自然風吹門自開，有自然風吹地令淨，有自然風吹花散地，衆花積聚花至于膝。時天帝釋於賢、善賢二石埰上隨意而坐，三十三王各次第坐。

「復有諸天不得侍從見彼園觀，不得入園五欲娛樂。所以者何？斯由本行功德不同。復有諸天得見園林而不得入，不得五欲共相娛樂。所以者何？斯由本行功德不同。復有諸天得見、得入，不得五欲共相娛樂。所以者何？斯由本行功德不同。復有諸天得入、得見，五欲娛樂。所以者何？斯由本行功德同故。

「遊戲園中，五欲自娛，一日、二日至於七日，相娛樂已各自還宮。彼天帝釋遊觀畫樂園、雜園、大喜園時，亦復如是。何故名之為麤澀園？入此園時，身體麤澀。何故名為畫樂園？入此園時，身體自然有種種畫色以為娛樂。何故名為雜園？常以月八日、十四日、十五日，除阿須倫女，放諸婇女與諸天子雜錯遊戲，是故名為雜園。何故名為大喜園？入此園時娛樂歡*喜，故名大喜。何故名為善法堂？於此堂上思惟妙法，受清淨樂，故名善法堂。何故名為晝度樹？此樹有神，名曰漫陀，常作伎樂以自娛樂，故名晝度。又彼大樹枝條四布，花葉繁茂如大寶雲，故名晝度。

「釋提桓因左右常有十大天子隨從侍衛，何等為十？一者名因陀羅，二名瞿夷，三名毗樓，四名毗樓婆提，五名陀羅，六名婆羅，七名耆婆，八名靈醯嵬，九名物羅，十名難頭。釋提桓因有大神力，威德如是。閻浮提人所貴水花：優鉢羅花、鉢頭摩花、拘物頭花、分陀利花、須乾頭花，柔軟香潔。其陸生花：解脫花、薝蔔花、婆羅陀花、須曼周那花、婆師花、童女花，拘耶尼、欝單曰、弗于逮、龍宮、金翅鳥宮水陸諸花，亦復如是。阿須倫宮水中生花：優鉢羅花、鉢頭摩花、拘物頭花、分陀利花，柔軟香潔。陸生花：殊好花、頻浮花、大頻浮花、伽伽利花、大伽伽利花、曼陀羅花、大曼陀羅花，四天王、三十三天、焰摩天、兜率天、化自在天、他化自在天所貴水陸諸花，亦復如是。

「天有十法，何等為十？一者、飛去無限數，二者、飛來無限數，三者、去無礙，四者、來無礙，五者、天身無有皮膚、骨體、筋脉、血肉，六者、身無不淨大小便利，七者、身無疲極，八者、天女不產，九者、天目不眴，十者、身隨意色，好青則青，好黃則黃，赤、白衆色隨意而現，此是諸天十法。人有七色，云何為七？有人金色，有人火色，有人青色，有人黃色，有人赤色，有人黑色，有人*白色。諸天、阿須倫有七色，亦復如是。

「諸比丘！螢火之明不如燈燭，燈燭之明不如炬火，炬火之明不如積火，積火之明不如四天王宮殿、城墎、瓔珞、衣服、身色光明，四天王宮殿、城墎、瓔珞、衣服、身色光明不如三十三天光明，三十三天光明不如焰摩天光明，焰摩天光明不如兜率天光明，兜率天光明不如化自在天光明，化自在天光明不如他化自在天光明，他化自在天光明不如梵迦夷天宮殿、衣服、身色光明，梵迦夷天宮殿、衣服、身色光明不如光*音天光明，光*音天光明不如遍淨天光明，遍淨天光明不如果實天光明，果實天光明不如無想天光明，無想天光明不如無造天⊙光明☆，無造天光明不如無熱天⊙光明☆，無熱天光明不如善見天⊙光明☆，善見天光明不如大善⊙見天⊙光明☆，大善⊙見天光明不如色究竟天*光明☆，色究竟天光明不如*他化☆自在天⊙光明☆，*他化☆自在天光明不如佛光明。從螢火光至佛光明，合集爾所光明，不如苦諦光明，集諦、滅諦、道諦光明。是故，諸比丘！欲求光明者，當求苦諦、集諦、滅諦、道諦光明，⊙當作是學☆，當作是修行。

「閻浮提人身長三肘半，衣長七肘，廣三肘半。瞿耶尼、弗于逮人身亦三肘半，衣長七肘，廣三肘半。欝單曰人身長七肘，衣長十四肘，廣七肘，衣重一兩。阿須倫身長一由旬，衣長二由旬，廣一由旬，衣重六銖。四天王身長半由旬，衣長一由旬，廣半由旬，衣重半兩。忉利天身長一由旬，衣長二由旬，廣一由旬，衣重六銖。焰摩天身長二由旬，衣長四由旬，廣二由旬，衣重三銖。兜率天身長四由旬，衣長八由旬，廣四由旬，衣重一銖半。化自在天身長八由旬，衣長十六由旬，廣八由旬，衣重一銖。他化自在天身長十六由旬，衣長三十二由旬，廣十六由旬，衣重半銖。自上諸天，各隨其身而著衣服。

「閻浮提人壽命百歲，少出多減。拘耶尼人壽命二百歲，少出多減。弗于逮人壽三百歲，少出多減。欝單曰人盡壽千歲，無有增減。

餓鬼壽七萬歲，少出多減。龍、金翅鳥壽一劫，或有減者。阿須倫壽天千歲，少出多減。四天王壽天五百歲，少出多減。忉利天壽天千歲，少出多減。焰摩天壽天二千歲，少出多減。兜率天壽天四千歲，少出多減。化自在天壽天八千歲，少出多減。他化自在天壽天萬六千歲，少出多減。梵迦夷天壽命一劫，或有減者。光音天壽命二劫，或有減者。遍淨天壽命三劫，或有減者。果實天壽命四劫，或有減者。無想天壽命五百劫，或有減者。無造天壽命千劫，或有減者。無熱天壽命二千劫，或有減者。善見天壽命三千劫，或有減者。大善見天壽命四千劫，或有減者。色究竟天壽命五千劫，或有減者。空處天壽命萬劫，或有減者。識處天壽命二萬一千劫，或有減者。不用處天壽命四萬二千劫，或有滅者。有想無想天壽命八萬四千劫，或有滅者。齊此為眾生，齊此為壽命，齊此為世界，齊此名為生、老、病、死往來所趣，界、◎陰、入聚也。」

佛告比丘：「一切眾生以四食存，何謂為四？*揣、細滑食為第一，觸食為第二，念食為第三，識食為第四。彼彼眾生所食不同，閻浮提人種種飯、麨麵、魚肉以為*揣食，衣服、洗浴為細滑食。拘耶尼、弗于逮人亦食種種飯、麨麵、魚肉以為*揣食，衣服、洗浴為細滑食。鬱單曰人唯食自然粳米，天味具足以為*揣食，衣服、洗浴為細滑食。龍、金翅鳥食黿鼉、魚鱉以為*揣食，洗浴、衣服為細滑食。阿須倫食淨*揣食以為*揣食，洗浴、衣服為細滑食。四天王、忉利天、焰摩天、兜率天、化自在天。他化自在天食淨*揣食以為*揣食，洗浴、衣服為細滑食。自上諸天以禪定喜樂為食。何等衆生觸食？卵生衆生觸食。何等衆生念食？有衆生因念食得存，諸根增長壽命不絕，是為念食。何等識食？地獄衆生及無色天，是名識食。

「閻浮提人以金銀、珍寶、穀帛、奴僕治生販賣以自生活，拘耶尼人以牛羊、珠寶市易生活，弗于逮人以穀帛、珠璣市易自活，鬱單曰人無有市易治生自活。閻浮提人有婚姻往來、男娶女嫁，拘耶尼人、弗于逮人亦有婚姻、男娶女嫁，鬱單曰人無有婚姻、男女嫁娶，龍、金翅鳥、阿須倫亦有婚姻、男女嫁娶，四天王、忉利天乃至他化自在天亦有婚姻、男娶女嫁。自上諸天無復男女。閻浮提人男女交會，身身相觸以成陰陽，拘耶尼、弗于逮、鬱單曰人亦身身相觸以成陰陽，龍、金翅鳥亦身身相觸以成陰陽，阿須倫身身相近以氣成陰陽，四天王、忉利天亦復如是。焰摩天相近以成陰陽，兜率天執手成陰陽，化自在天熟視成陰陽，他化自在天暫視成陰陽。自上諸天無復婬欲。

「若有衆生身行惡，口言惡，意念惡，身壞命終，此後識滅，泥梨初識生，因識有名色，因名色有六入。或有衆生身行惡，口言惡，意念惡，身壞命終墮畜生中，此後識滅，畜生初識生，因識有名色，因名色有六入。或有衆生身行惡。口言惡，意念惡，身壞命終墮餓鬼中，此後識滅，餓鬼初識生，因識有名色，因名色有六入。或有衆生身行善，口言善，意念善，身壞命終得生人中，此後識滅，人中初識生，因識有名色，因名色有六入。

「或有衆生身行善，口言善，意念善，身壞命終生四天王⊙天，此後識滅，四天王⊙天識初生，因識有名色，因名色有六入。彼天初生，如此人間一、二歲兒，自然化現，在天膝上坐，彼天即言：『此是我子，由行報故，自然智生。』即自念言：『我由何行，今生此間？』即復自念：『我昔於人間身行善，口言善，意念善，由此行故，今得生天。我設於此命終復生人間者，當淨身、口、意，倍復精勤，修諸善行。』兒生未久便自覺飢，當其兒前有自然寶器，盛天百味自然淨食，若福多者飯色為白，其福中者飯色為青，其福下者飯色為赤。彼兒以手*掬飯著口中，食自然消化如酥投火。彼兒食訖方自覺渴，有自然寶器盛甘露漿，其福多者漿色為白，其福中者漿色為青，其福下者漿色為赤，其兒取彼漿飲，漿自消化如酥投火。

「彼兒飲食已訖，身體長大與餘天等，即入浴池沐浴澡洗，以自娛樂。自娛樂已還出浴池，詣香樹下，香樹曲躬，手取衆香以自塗身。復詣劫貝衣樹，樹為曲躬，取種種衣著其身上。復詣莊嚴樹，樹為曲躬，取種種莊嚴以自嚴身。復詣鬘樹，樹為曲躬，取鬘貫首。復詣器樹，樹為曲躬，即取寶器，復詣果樹，樹為曲躬，取自然果，或食或含，或漉汁而飲。復詣樂器樹，樹為曲躬，取天樂器，以清妙聲和絃而歌，向諸園林，彼見無數天女鼓樂絃歌，語笑相向。其天遊觀遂生染著，視東忘西，視西忘東。其初生時，知自念言：『我由何行，今得生此？』當其遊處觀時，盡忘此念，於是便有婇女侍從。

「若有衆生身行善，口言善，意念善，身壞命終生忉利天，此後識滅，彼初識生，因識有名色，因名色有六入。彼天初生，如閻浮提二、三歲兒，自然化現，在天膝上，彼天即言：『此是我男，此是我女。』亦復如是。或有衆生身、口、意善，身壞命終生焰摩天；其天初生，如閻浮提三、四歲兒。或有衆生身、口、意善，身壞命終生兜率天；其天初生，如此世間四、五歲兒。或有衆生身、口、意善，身壞命終生化自在天；其天初生，如此世間五、六歲兒。或有衆生身、口、意善，身壞命終生他化自在天；其天初生，如此世間六、七歲兒，亦復如是。」

佛告比丘：「半月三齋，云何為三？月八日齋、十四日齋、十五日齋，是為三齋。何故於月八日齋？常以月八日，四天王告使者言：『汝等案行世間，觀視萬民，知有孝順父母、敬順沙門、婆羅門，宗事長老、齋戒布施、濟諸窮乏者不？』爾時使者聞王教已，遍案行天下，知有孝順父母、宗事沙門、婆羅門，恭順長老、持戒守齋、布施窮乏者。具觀察已，見諸世間不孝父母、不敬師長、不修齋戒、不濟窮乏者，還*白王言：『天王！世間孝順父母、敬事師長、淨修齋戒、施諸窮乏者，甚少！甚少！』爾時四天王聞已，愁憂不悅，答言：『咄此為哉！世人多惡，不孝父母，不事師長，不修齋戒，不施窮乏。減損諸天眾，增益阿須倫眾。』若使者見世間有孝順父母、敬事師長、勤修齋戒、布施貧乏者，則還白天王言：『世間有人孝順父母、敬事師長、勤修齋戒、施諸窮乏者。』四天王聞已，即大歡喜，唱言：『善哉！我聞善言，世間乃能有孝順父母，敬事師長，勤修齋戒，布施貧乏。增益諸天衆，減損阿須倫衆。』

「何故於十四日齋？十四日齋時，四天王告太子言：『汝當案行天下，觀察萬民，知有孝順父母、敬事師長、勤修齋戒、布施貧乏者不？』太子受王教已，即案行天下，觀察萬民，知有孝順父母、宗事師長、勤修齋戒、布施貧乏者。具觀察已，見諸世間有不孝順父母、不敬師長、不修齋戒、不施貧乏者，還白王言：『天王！世間孝順父母、敬順師長、淨修齋戒、濟諸貧乏者，甚少！甚少！』四天王聞已，愁憂不悅言：『咄此為哉！世人多惡，不孝父母，不事師長，不修齋戒，不濟窮乏。減損諸天衆，增益阿須倫衆。』太子若見世間有孝順父母、敬事師長、勤修齋戒、布施貧乏者，即還白王言：『天王！世間有人孝順父母、敬順師長、勤修齋戒、施諸貧乏者。』四天王聞已，即大歡喜，唱言：『善哉！我聞善言，世間能有孝事父母，宗敬師長，勤修齋戒，布施貧乏。增益諸天衆，減損阿須倫衆。』是故十四日齋。

「何故於十五日齋？十五日齋時，四天王躬身自下，案行天下，觀察萬民，世間寧有孝順父母、敬事師長、勤修齋戒、布施貧乏者不？見世間人多不孝父母，不事師長，不勤齋戒，不施貧乏。時四天王詣善法殿，白帝釋言：『大王！當知世間衆生多不孝父母，不敬師長，不修齋戒，不施貧乏。』帝釋及忉利諸天聞已，愁憂不悅言：『咄此為哉！世人多惡，不孝父母，不敬師長，不修齋戒，不施窮乏。減損諸天衆，增益阿須倫衆。』四天王若見世間有孝順父母、敬事師長、勤修齋戒、布施貧乏者，還詣善法堂，白帝釋言：『世人有孝順父母、敬事師長、勤修齋戒、布施貧乏者。』帝釋及忉利諸天聞是語已，皆大歡喜，唱言：『善哉！世間*能有孝順父母、敬事師長、勤修齋戒、布施貧乏者，增益諸天衆，減損阿須倫衆。』是故十五日齋戒，是故有三齋。爾時帝釋欲使諸天倍生歡喜，即說偈言：

常以月八日，　十四十五日，　受化修齋戒，　其人與我同。」

佛告比丘：「帝釋說此偈，非為善受，非為善說，我所不可。所以者何？彼天帝釋婬、怒、癡未盡，未脫生、老、病、死、憂悲苦惱，我說其人未離苦本。若我比丘漏盡阿羅漢，所作已辦，捨於重擔，自獲己利，盡諸有結，平等解脫，如此比丘應說此偈：

常以月八日，　十四十五日，　受化修齋戒，　其人與我同。」

佛告比丘：「彼比丘說此偈者，乃名善受，乃名善說，我所印可。所以者何？彼比丘婬、怒、癡盡已，脫生、老、病、死、憂悲苦惱，我說其人離於苦本。」

佛告比丘：「一切人民所居舍宅，皆有鬼神，無有空者。一切街巷四衢道中，屠兒市肆及丘塚間，皆有鬼神，無有空者。凡諸鬼神皆隨所依，即以為名。依人名人，依村名村，依城名城，依國名國，依土名土，依山名山，依河名河。」

佛告比丘：「一切樹木極小如車軸者，皆有鬼神依止，無有空者。一切男子、女人初始生時，皆有鬼神隨逐擁護。若其死時，彼守護鬼攝其精氣，其人則死。」

佛告比丘：「設有外道梵志問言：『諸賢！若一切男女初始生時，皆有鬼神隨逐守護；其欲死時，彼守護鬼神攝其精氣，其人則死者，今人何故有為鬼神所觸嬈者？有不為鬼神所觸嬈者？』設有此問汝等應答彼言：『世人為非法行，邪見顛倒，作十惡業，如是人輩，若百若千乃[1]有一神護耳。譬如群牛、群羊，若百若千一人守牧；彼亦如是，為非法行，邪見顛倒，作十惡業，如是人輩，若百若千乃有一神護耳。若有人修行善法，見正信行，具十善業，如是一人有百千神護。譬如國王，國王、大臣有百千人衛護一人；彼亦如是，修行善法，具十善業，如是一人有百千神護。以是緣故，世人有為鬼神所觸嬈者，有不為鬼神所觸嬈者。』」

佛告比丘：「閻浮提人有三事勝拘耶尼人，何等為三？一者、勇猛強記，能造業行；二者、勇猛強記，勤修梵行；三者、勇猛強記，佛出其土，以此三事勝拘耶尼。拘耶尼人有三事勝閻浮提，何等為三？一者、多牛，二者、多羊，三者、多珠玉，以此三事勝閻浮提。

「閻浮提有三事勝弗于逮，何等為三？一者、勇猛強記，能造業行；二者、勇猛強記，能修梵行；三者、勇猛強記，佛出其土，以此三事勝弗于逮。弗于逮有三事勝閻浮提，何等為三？一者、其土極廣，二者、其土極大，三者、其土極妙，以此三事勝閻浮提。

「閻浮提有三事勝欝單曰，何等為三？一者、勇猛強記，能造業行；二者、勇猛強記，能修梵行；三者、勇猛強記，佛出其土，以此三事勝欝單曰。欝單曰復有三事勝閻浮提，何等為三？一者、無所繫屬，二者、無有我，三者、壽定千歲，以此三事勝閻浮提。

「閻浮提人亦以上三事勝餓鬼趣。餓鬼趣有三事勝閻浮提，何等為三？一者、長壽，二者、身大，三者、他作自受，以此三事勝閻浮提。閻提浮提人亦以上三事勝龍、金翅鳥。龍、金翅鳥復有三事勝閻浮提，何等為三？一者、長壽，二者、身大，三者、宮殿，以此三事勝閻浮提。

「閻浮提以上三事勝阿須倫。阿須倫復有三事勝閻浮提，何等為三？一者、宮殿高廣，二者、宮殿莊嚴，三者、宮殿清淨，以此三事勝閻浮提。

「閻浮提人以此三事勝四天王。四天王復有三事勝閻浮提，何等為三？一者、長壽，二者、端正，三者、多樂，以此三事勝閻浮提。

「閻浮提人亦以上三事勝忉利天、焰摩天、兜率天、化自在天、他化自在天。此諸天復有三事勝閻浮提，何等為三？一者、長壽，二者、端正，三者、多樂。」

佛告比丘：「欲界衆生有十二種，何等為十二？一者、地獄，二者、畜生，三者、餓鬼，四者、人，五者、阿須倫，六者、四天王，七者、忉利天，八者、焰摩天，九者、兜率天，十者、化自在天，十一者、他化自在天，十二者、魔天。

「色界衆生有二十二種：一者、梵身天，二者、梵輔天，三者、梵衆天，四者、大梵天，五者、光天，六者、少光天，七者、無量光天，八者、光音天，九者、淨天，十者、少淨天，十一者、無量淨天，十二者、遍淨天，十三者、嚴飾天，十四者、小嚴飾天，十五者、無量嚴飾天，十六者、嚴飾果實天，十七者、無想天，十八者、無造天，十九者、無熱天，二十者、善見天，二十一者、大善見天，二十二者、阿迦尼吒天。

「無色界衆生有四種，何等為四？一者、空智天，二者、識智天，三者、無所有智天，四者、有想無想智天。」

佛告比丘：「有四大天神，何等為四？一者、地神，二者、水神，三者、風神，四者、火神。昔者地神生惡見言：『地中無水、火、風。』時我知此地神所念，即往語言：『汝當生念言：地中無水、火、風耶？』地神報言：『地中實無水、火、風也。』我時語言：『汝勿生此念，謂地中無水、火、風。所以者何？地中有水、火、風，但地大多故，地大得名。』」

佛告比丘：「我時為彼地神次第說法，除其惡見，示教利喜：施論、戒論、生天之論，欲為不淨，上漏為患，出要為上，敷演開示，清淨梵行。我時知其心淨，柔軟歡喜，無有陰蓋，易可開化，如諸佛常法，說苦聖諦、苦集諦、苦滅諦、苦出要諦，演布開示。爾時地神即於座上遠塵離垢，得法眼淨，譬如淨潔白衣，易為受色；彼亦如是，信心清淨，遂得法眼，無有狐疑，見法決定，不墮惡趣，不向餘道，成就無畏，而白我言：『我今歸依佛，歸依法，歸依僧，盡形壽不殺、不盜、不婬、不欺、不飲酒，聽我於正法中為優婆夷！』」

佛告比丘：「昔者水神生惡見言：『水中無地、火、風。』時地神知彼水神心生此見，往語水神言：『汝實起此見，言水中無地、火、風耶？』答曰：『實爾。』地神語言：『汝勿起此見，謂水中無地、火、風。所以者何？水中有地、火、風，但水大多故，水大得名。』時地神即為說法，除其惡見，示教利喜：施論、戒論、生天之論，欲為不淨，上漏為患，出要為上，敷演開示，清淨梵行。時地神知彼水神其心柔軟，歡喜信解，淨無陰蓋，易可開化，如諸佛常法，說苦聖諦、苦集諦、苦滅諦、苦出要諦，演布開示。時彼水神即遠塵離垢，得法眼淨，猶如淨潔白衣，易為受色；彼亦如是，信心清淨，得法眼淨，無有狐疑，決定得果，不墮惡趣，不向餘道，成就無畏，白地神言：『我今歸依佛，歸依法，歸依僧，盡形壽不殺、不盜、不婬、不欺、不飲酒，聽我於正法中為優婆夷！』」

佛告比丘：「昔者火神生惡見言：『火中無地、水、風。』時地神、水神知彼火神心生此見，共語火神言：『汝實起此見耶？』答曰：『實爾。』二神語言：『汝勿起此見，所以者何？火中有地、水、風，但火大多故，火大得名耳。』時二神即為說法，除其惡見，示教利喜：施論、戒論、生天之論，欲為不淨，上漏為患，出要為上，敷演開示，清淨梵行。二神知彼火神其心柔軟，歡喜信解，淨無陰蓋，易可開化，如諸佛常法，說苦聖諦、苦集諦、苦滅諦、苦出要諦，演布開示。時彼火神即遠塵離垢，得法眼淨，猶如淨潔白衣，易為受色；彼亦如是，信心清淨，遂得法眼，無有狐疑，決定得果，不墮惡趣，不向餘道，成就無畏，白二神言：『我今歸依佛、法、聖眾，盡形壽不殺、不盜、不婬、不欺、不飲酒，聽我於正法中為優婆夷！』」

佛告比丘：「昔者風神生惡見言：『風中無地、水、火。』地、水、火神知彼風神生此惡見，往語之言：『汝實起此見耶？』答曰：『實爾。』三神語言：『汝勿起此見，所以者何？風中有地、水、火，但風大多故，風大得名耳。』時三神即為說法，除其惡見，示教利喜：施論、戒論、生天之論，欲為不淨，上漏為患，出要為上，敷演開示，清淨梵行。三神知彼風神其心柔軟，歡喜信解，淨無陰蓋，易可開化，如諸佛常法，說苦聖諦、苦集◎諦、苦滅◎諦、苦出要諦，演布開示。時彼風神即遠塵離垢，得法眼淨，譬如淨潔白衣，易為受色；彼亦如是，信心清淨，逮得法眼，無有狐疑，決定得果，不墮惡趣，不向餘道，成就無畏，白三神言：『我今歸依佛、法、聖衆，盡形壽不殺、不盜、不婬、不欺、不飲酒，願聽我於正法中為優婆夷！慈心一切，不嬈衆生。』」

佛告比丘：「雲有四種，云何為四？一者、白色，二者、黑色，三者、赤色，四者、紅色。其白色者地大偏多，其黑色者水大偏多，其赤色者火大偏多，其紅色者風大偏多。其雲去地或十里、二十里、三十里，至四十，⊙至四千里，除劫初後，時雲上至光音天。雷有四種，云何為四？東方雷名身光，南方雷名難毀，西方雷名流炎，北方雷名定明。以何緣故，虛空雲中有此雷光？有時身光與難毀相觸，有時身光與流炎相觸，有時身光與定明相觸，有時難毀與流炎相觸，有時難毀與定明相觸，有時流炎與定明相觸；以是緣故，虛空雲中有雷光起。復有何緣虛空雲⊙中有雷聲起？虛空⊙雲中有時地大與水大相觸，有時地大與火大相觸，有時地大與風大相觸，有時水大與火大相觸，有時水大與風大相觸；以是緣故，虛空雲中有雷聲起。

「相師占雨有五因緣不可定知，使占者迷惑。云何為五？一者、雲有雷電，占謂當雨，以火大多故，燒雲不雨，是為占師初迷惑緣。二者、雲有雷電，占謂當雨，有大風起，吹雲四散入諸山間，以此緣故，相師迷惑。三者、雲有雷電，占謂當雨，時大阿須倫接攬浮雲，置大海中，以此因緣，相師迷惑。四者、雲有雷電，占謂當雨，而雲師、雨師放逸婬亂，竟不降雨，以此因緣，相師迷惑。五者、雲有雷電，占謂當雨，而世間衆庶非法放逸，行不淨行，慳貪嫉妒所見顛倒，故使天不降雨，以此因緣，相師迷惑，是為五因緣，相師占雨不可定知。」

佛說長阿含經卷第二十

佛說長阿含經卷第二十一

後秦弘始年佛陀耶舍共竺佛念譯

第四分世記經三災品第九

佛告比丘：「有四事長久，無量無限，不可以日月歲數而稱計也。云何為四？一者、世間災漸起，壞此世時，中間長久，無量無限，不可以日月歲數而稱計也。二者、此世間壞已，中間空曠，無有世間，長久逈遠，不可以日月歲數而稱計也。三者、天地初起，向欲成時，中間長久，不可以日月歲數而稱計也。四者、天地成已，久住不壞，不可以日月歲數而稱計也。是為四事長久，無量無限，不可以日月歲數而計量也。」

佛告比丘：「世有三災，云何為三？一者、火災，二者、水災，三者、風災。有三災上際，云何為三？一者、光音天，二者、遍淨天，三者、果實天。若火災起時，至光音天，光音天為際。若水災起時，至遍淨天，遍淨天為際。若風災起時，至果實天，果實天為際。

「云何為火災？火災始欲起時，此世間人皆行正法，正見不倒，修十善行。行此法時，有人得第二禪者，即踊身上昇於虛空中，住聖人道、天道、梵道，高聲唱言：『諸賢！當知無覺、無觀第二禪樂！

第二禪樂！』時世間人聞此聲已，仰語彼言：『善哉！善哉！唯願為我說無覺、無觀第二禪道！』時空中人聞其語已，即為說無覺、無觀第二禪道。此世間人聞彼說已，即修無覺、無觀第二禪道，身壞命終生光音天。

「是時地獄眾生罪畢命終，來生人間，復修無覺、無觀第二禪，身壞命終生光音天。畜生、餓鬼、阿須倫、四天王、忉利天、炎天、兜率天、化自在天、他化自在天、梵天眾生命終，來生人間，修無覺、無觀第二禪，身壞命終生光音天。由此因緣地獄道盡，畜生、餓鬼、阿須倫乃至梵天皆盡。

「當於爾時，先地獄盡，然後畜生盡。畜生盡已，餓鬼盡。餓鬼盡已，阿須倫盡。阿須倫盡已，四天王盡。四天王盡已，忉利天[1]盡。忉利天[1]盡已，炎摩天盡。炎摩天盡已，兜率天盡。兜率天盡已，化自在天盡。化自在天盡已，他化自在天盡。他化自在天盡已，梵天盡。梵天盡已，然後人盡，無有遺餘。人盡無餘已，此世敗壞，乃成為災，其後天不降雨，百穀草木自然枯死。」

佛告比丘：「以是當知一切行無常，變易朽壞不可恃怙，有為諸法甚可厭患，當求度世解脫之道。其後久久，有大黑風暴起，吹大海水，海水深八萬四千由旬，吹使兩披，取日宮殿置於須彌山半，去地四萬二千由旬，安日道中，緣此世間有二日出。二日出已，令此世間所有小河、汱澮、渠流皆悉乾竭。」

佛告比丘：「以是當知一切行無常，變易朽壞不可恃怙，凡諸有為甚可厭患，當求度世解脫之道。其後久久，有大黑風暴起，海水深八萬四千由旬，吹使兩披，取日宮殿置於須彌山半，去地四萬二千由旬，安日道中，緣此世間有三日出。三日出已，此諸大水：恒河、耶婆那河、婆羅河、阿夷羅婆提河、阿摩怯河、辛陀河、故舍河皆悉乾竭，無有遺餘。

「以是當知一切行無常，變易朽壞不可恃怙，凡諸有為甚可厭患，當求度世解脫之道。其後久久，有大黑風暴起，海水深八萬四千由旬，吹使兩披，取日宮殿置於須彌山半，安日道中，緣此世間有四日出。四日出已，此諸世間所有泉源、淵池：善見大池、阿耨⊙達大池、四方陀延池、優鉢羅池、拘物頭池、分陀利池、離池，縱廣五十由旬皆盡乾竭。

「以是故知一切⊙行無常，變易朽壞不可恃怙，凡諸有為甚可厭患，當求度世解脫之道。其後久久，有大黑風暴起，吹大海水使令兩披，取日宮殿置於須彌山半，安日道中，緣此世間有五日出。五日出已，大海水稍減百由旬，至七百由旬。以是可知一切行無常，變易朽壞不可恃怙，凡諸有為甚可厭患，當求度世解脫之道。是時大海稍盡，餘有七百由旬、六百由旬、五百由旬、四百由旬，乃至百由旬在。以是可知一切行無常，變易朽壞不可恃怙，凡諸有為甚可厭患，當求度世解脫之道。時大海水稍稍減盡，至七由旬、六由旬、五由旬，乃至一由旬在。」

佛告比丘：「以是當知一切行無常，變易朽壞不可恃怙，凡諸有為甚可厭患，當求度世解脫之道。其後海水稍盡，至七多羅樹、六多羅樹，乃至一多羅樹。」

佛告比丘：「以是當知一切行無常，變易朽壞不可恃怙，凡諸有為甚可厭患，當求度世解脫之道。其後海水轉淺七人、六人、五人、四人、三人、二人、一人，至腰、至膝，至于*踌、踝。」

佛告比丘：「以是當知一切行無常，變易朽壞不可恃怙，凡諸有為甚可厭患，當求度世解脫之道。其後海水猶如春雨後，亦如牛跡中水，遂至涸盡不漬人指。」

佛告比丘：「以是當知一切行無常，變易朽壞不可恃怙，凡諸有為甚可厭患，當求度世解脫之道。其後久久，有大黑風暴起，吹海底沙，深八萬四千由旬，令著兩岸飃，取日宮殿置於須彌山半，安日道中，緣此世間有六日出。六日出已，其四天下及八萬天下諸山、大山、須彌山王皆烟起燋燃，猶如陶家初然陶時，六日出時亦復如是。」

佛告比丘：「以是當知一切行無常，變易朽壞不可恃怙，凡諸有為甚可厭患，當求度世解脫之道。其後久久，有大黑風暴起，吹海底沙，八萬四千由旬，令著兩岸飄，取日宮殿置於須彌山半，安日道中，緣此世間有七日出。七日出已，此四天下及八萬天下諸山、大山、須彌山王皆悉洞然，猶如陶家然竈焰起，七日出時亦復如是。」

佛告比丘：「以此當知一切行無常，變易朽壞不可恃怙，凡諸有為甚可厭患，當求度世解脫之道。此四天下及八萬天下諸山、須彌山皆悉洞然，一時四天王宮、忉利天宮、炎摩天宮、兜率天、化自在天、他化自在天、梵天宮亦皆洞然。」

佛告比丘：「是故當知一切行無常，變易朽壞不可恃怙，凡諸有為法甚可厭患，當求度世解脫之道。此四天下乃至梵大火洞然已，風吹火焰至光音天。其彼初生天子見此火焰，皆生怖畏言：『咄！此何物？』先生諸天語後生天言：『勿怖畏也！彼火曾來，齊此而止。以念前火光，故名光*音天。』此四天下乃至梵天火洞然已，須彌山王漸漸頹落，百由旬、二百由旬至七百由旬。」

佛告比丘：「以是當知一切行無常，變易朽壞不可恃怙，凡諸有為甚可厭患，當求度世解脫之道。此四天下乃至梵天火洞然已，其後大地及須彌山盡無灰燼。是故當知一切行無常，變易朽壞不可恃怙，凡諸有為甚可厭患，當求度世解脫之道。其此大地火燒盡已，地下水盡，水下風盡。是故當知，一切行無常，變易朽壞不可恃怙，凡諸有為甚可厭患，當求度世解脫之道。」

佛告比丘：「火災起時，天不復雨，百穀草木自然枯死，誰當信者？獨有見者，自當知耶！如是乃至地下水盡，水下風盡，誰當信者？獨有見者，自當知耶！是為火災。云何火劫還復？其後久久，有大黑雲在虛空中，至光音天，周遍降雨，*滴如車輪。如是無數百千歲雨，其水漸長，高無數百千由旬，乃至光音天。

「時有四大風起，持此水住。何等為四？一名住風，二名持風，三名不動，四名堅固。其後此水稍減百千由旬，無數百千萬由旬，其水四面有大風起，名曰僧伽，吹水令動，鼓蕩濤波起沫積聚。風吹離水，在於空中自然堅固，變成天宮，七寶校飾，由此因緣有梵迦夷天宮。

「其水轉減至無數百千萬由旬，其水四面有大風起，名曰僧伽，吹水令動，鼓蕩濤波起沫積聚。風吹①離水，在於空中自然堅固，變成天宮，七寶校飾，由此因緣有他化自在天宮。

「其水轉減至無數千萬由旬，其水四面有大風起，名曰僧伽，吹水令動，鼓蕩濤波起沫積聚。風吹離水，在虛空中自然堅固，變成天宮，七寶校飾，由此因緣有化自在天宮。

「其水轉減至無數百千由旬，有僧伽風，吹水令動，鼓蕩濤波起沫積聚。風吹離水，在虛空中自然堅固，變成天宮，七寶校飾，由此因緣有兜率天宮。

「其水轉減至無數百千由旬，有僧伽風，吹水令動，鼓蕩濤波起沫積聚。風吹離水，在虛空中自然堅固，變成天宮，由此因緣有炎摩天宮。

「其水轉減至無數百千由旬，水上有沫，深六十萬八千由旬，其邊無際，譬如此間穴泉流水，水上有沫，彼亦如是。

「以何因緣有須彌山？有亂風起，吹此水沫造須彌山，高六十萬八千由旬，縱廣八萬四千由旬，四寶所成：金、銀、水精、琉璃。

「以何因緣有四阿須倫宮殿？其後亂風吹大[4]水沫，於須彌山四面起大宮殿，縱廣各八萬由旬，自然變成七寶宮殿。

「復何因緣有四天王宮殿？其後亂風吹大[1]水沫，於須彌山半四萬二千由旬，自然變成七寶宮殿，以是故名為四天王宮殿。

「以何因緣有忉利天宮殿？其後亂風吹大水沫，於須彌山上自然變成七寶宮殿。

「復以何緣有伽陀羅山？其後亂風吹大水沫，去須彌山不遠，自然化成寶山，下根入地四萬二千由旬，縱廣四萬二千由旬，其邊無際，雜色間廁，七寶所成，以是緣故有伽陀羅山。

「復以何緣有伊沙山？其後亂風吹大水沫，去伽陀羅山不遠，自然變成伊沙山，高二萬一千由旬，縱廣二萬一千由旬，其邊無際，雜色參間，七寶所成，以是緣故有伊沙山。

「其後亂風吹大水沫，去伊沙山不遠，自然變成樹辰陀羅山，高萬二千由旬，縱廣萬二千由旬，其邊無際，雜色參間，七寶所成，以是因緣有樹辰陀羅山。

「其後亂風吹大水沫，去樹辰陀羅山不遠，自然變成阿般*尼樓山，高六千由旬，縱廣六千由旬，其邊無際，雜色參間，七寶所成，以是緣故有阿般尼樓山。

「其後亂風吹大水沫，去阿般尼樓山不遠，自然變成*尼鄰陀羅山，高三千由旬，縱廣三千由旬，其邊無際，雜色參間，七寶所成，以是因緣有尼鄰陀羅山。

「其後亂風吹大水沫，去尼鄰陀羅山不遠，自然變成比尼陀山，高千二百由旬，縱廣千二百由旬，其邊無際，雜色參間，七寶所成，以是緣故有比尼陀山。

「其後亂風吹大水沫，去比尼陀山不遠，自然變成金剛輪山，高三百由旬，縱廣三百由旬，其邊無際，雜色參間，七寶所成，以是因緣有金剛輪山。

「何故有⊙一月、有七日宮殿？其後亂風吹大水沫，自然變成一月宮殿、七日宮殿，雜色參間，七寶所成，為黑風所吹還到本處，以是因緣有日、月宮殿。

「其後亂風吹大水沫，自然變成四天下及八萬天下，以是因緣有四天下及八萬天下。其後亂風吹大水沫，在四天下及八萬天下，自然變成大金剛輪山，高十六萬八千由旬，縱廣十六萬八千由旬，其邊無限，金剛堅固，不可毀壞，以是因緣有大金剛輪山。

「其後久久，有自然雲遍滿空中，周遍大雨，*滴如車輪，其水*瀰漫，沒四天下，與須彌山等。其後亂風吹地為大坑，澗水盡入中，因此為海，以是因緣有四大海水。海水鹹苦有三因緣，何等為三？一者、有自然雲遍滿虛空，至光音天，周遍降雨，洗濯天宮，滌蕩天下。從梵迦夷天宮、他化自在天宮，下至炎摩天宮、四天下、八萬天下、諸山、大山、須彌山王皆洗濯滌蕩，其中諸處有穢惡鹹苦諸不淨汁，下流入海合為一味，故海水鹹。二者、昔有大仙人禁呪海水，長使鹹苦，人不得飲，是故鹹苦。三者、彼大海水雜衆生居，其身長大，或百由旬、二百由旬，至七百由旬，呼哈吐納，大小便中，故海水鹹。是為火災。」

佛告比丘：「云何為水災？水災起時，此世間人皆奉正法，正見，不邪見，修十善業。修善行已，時有人得無喜第三禪者，踊身上昇於虛空中，住聖人道、天道、梵道，高聲唱言：『諸賢！當知無喜第三禪樂！無喜第三禪樂！』時世間人聞此聲已，仰語彼言：『善哉！

善哉！願為我說是無喜第三禪道！』時空中人聞此語已，即為演說無喜第三禪道。此世間人聞其說已，即修第三禪道，身壞命終生遍淨天。

「爾時地獄衆生罪畢命終，來生人間，修復第三禪道，身壞命終生遍淨天。畜生、餓鬼、阿須*倫、四天王、忉利天、炎摩天、兜率天、化自在天、他化自在天、梵天、光音天衆生命終，來生人間，修第三禪道，身壞命終生遍淨天。由此因緣，地獄道盡，畜生、餓鬼、阿須倫、四天王、乃至光音天趣皆盡。

「當於爾時，先地獄盡，然後畜生盡。畜生盡已，餓鬼盡。餓鬼盡已，阿須倫盡。阿須倫盡已，四天王盡。四天王盡已，忉利天盡。忉利天盡已，炎摩天盡。炎摩天盡已，兜率天盡。兜率天盡已，化自在天盡。化自在天盡已，他化自在天盡。他化自在天盡已，梵天盡。梵天盡已，光音天盡。光音天盡已，然後人盡無餘。人盡無餘已，此世間敗壞，乃成為災。

「其後久久，有大黑雲暴起，上至遍淨天，周遍大雨，純雨熱水，其水沸湧，煎熬天上，諸天宮殿皆悉消盡，無有遺餘。猶如酥油置於火中，煎熬消盡，無有遺餘，光音天宮亦復如是。以此可知一切行無常，為變易法不可恃怙，有為諸法甚可厭患，當求度世解脫之道。

「其後此雨復浸梵迦夷天宮，煎熬消盡無有遺餘，猶如酥油置於火中，無有遺餘，梵迦夷宮亦復如是。其後此雨復浸他化自在天、化自在天、兜率天、炎摩天宮，煎熬消盡無有遺餘，猶如酥油置於火中，無有遺餘，彼諸天宮亦復如是。其後此雨復浸四天下及八萬天下諸山、大山、須彌山王，煎熬消盡，無有遺餘，猶如酥油置於火中，煎熬消盡，無有遺餘，彼亦如是。是故當知一切行無常，為變易法不可恃怙，凡諸有為甚可厭患，當求度世解脫之道。其後此水煎熬大地，盡無餘已，地下水盡，水下風盡。是故當知一切行無常，為變易法不可恃怙，凡諸有為甚可厭患，當求度世解脫之道。」

佛告比丘：「⊙齊遍淨天宮煎熬消盡，誰當信者？獨有見者，乃能知耳！梵迦夷宮煎熬消盡，乃至地下水盡，水下風盡，誰當信者？獨有見者，乃當知耳！是為水災。

「云何水災還復？其後久久，有大黑雲充滿虛空，至遍淨天，周遍降雨，*滴如車輪。如是無數百千萬歲，其水漸長，至遍淨天。有四大風，持此水住。何等為四？一名住風，二名持風，三名不動，四名堅固。其後此水稍減無數百千由旬，四面有大風起，名曰僧伽，吹水令動，鼓蕩濤波起沫積聚。風吹離水在虛空中，自然變成光音天宮，七寶校飾，由此因緣有光音天宮。其水轉減無數百千由旬，彼僧伽風吹水令動，鼓蕩濤波起沫積聚。風吹離水在虛空中，自然變成梵迦夷天宮，七寶校飾。如是乃至海水一味鹹苦。亦如火災復時，是為水災。」

佛告比丘：「云何為風災？風災起時，此世間人皆奉正法，正見，不邪見，修十善業。修善行時，時有人得清淨護念第四禪，於虛空中住聖人道、天道、梵道，高聲唱言：『諸賢！護念清淨第四禪樂！

護念清淨第四禪樂！』時此世人聞其聲已，仰語彼言：『善哉！善哉！願為我說護念清淨第四禪道！』時空中人聞此語已，即為說第四禪道。此世間人聞其說已，即修第四禪道，身壞命終生果實天。

「爾時地獄衆生罪畢命終，來生人間，復修第四禪，身壞命終生果實天。畜生、餓鬼、阿須倫、四天王乃至遍淨天衆生命終，來生人間，修第四禪，身壞命終生果實天。由此因緣，地獄道盡，畜生、餓鬼、阿須倫、四天王乃至遍淨天趣皆盡。爾時地獄先盡，然後畜生盡。畜生盡已，餓鬼盡。餓鬼盡已，阿須倫盡。阿須倫盡已，四天王盡。四天王盡已，如是展轉至遍淨天盡。遍淨天盡已，然後人盡無餘。人盡無餘已，此世間敗壞，乃成為災。

「其後久久，有大風起，名曰大僧伽，乃至果實天。其風四布，吹遍淨天宮、光音天宮，使宮宮相拍碎若粉塵，猶如力士執二銅杵，杵杵相拍碎盡無餘，二宮相拍亦復如是。以是當知一切行無常，為變易法不可恃怙，凡諸有為甚可厭患，當求度世解脫之道。

「其後此風吹梵迦夷天宮、他化自在天宮，宮宮相拍碎如粉塵，無有遺餘，猶如力士執二銅杵，杵杵相拍，碎盡無餘，二宮相拍亦復如是。以是當知一切行無常，為變易法不可恃怙，凡諸有為甚可厭患，當求度世解脫之道。

「其後此風吹化自在天宮、兜率天宮、炎摩天宮，宮宮相拍碎若粉塵，無有遺餘，猶如力士執二銅杵，杵杵相拍碎盡無餘，彼宮如是碎盡無餘。以是當知一切行無常，為變易法不可恃怙，凡諸有為甚可厭患，當求度世解脫之道。

「其後此風吹四天下及八萬天下，諸山、大山、須彌山王置於虛空，高百千由旬，山山相拍碎若粉塵，猶如力士手執輕糠散於空中，彼四天下、須彌諸山碎盡分散，亦復如是。以是可知一切行無常，為變易法不可恃怙，凡諸有為甚可厭患，當求度世解脫之道。

「其後風吹大地盡，地下水盡，水下風盡。是故當知一切行無常，為變易法不可恃怙，凡諸有為甚可厭患，當求度世解脫之道。」

佛告比丘：「遍淨天宮、光音天宮，宮宮相拍碎若粉塵，誰當信者？獨有見者，乃能知耳！如是乃至地下水盡，水下風盡，誰能信者？獨有見者，乃能信耳！是為風災。

「云何風災還復？其後久久，有大黑雲周遍虛空，至果實天，而降大雨，*滴如車輪，霖雨無數百千萬歲，其水漸長至果實天。時有四風持此水住。何等為四？一名住風，二名持風，三名不動，四名堅固。其後此水漸漸稍減無數百千由旬，其水四面有大風起，名曰僧伽，吹水令動，鼓蕩濤波起沫積聚。風吹離水，在於空中自然變成遍淨天宮，雜色參間，七寶所成，以此因緣有遍淨天宮。其水轉減無數百千由旬，彼僧伽風吹水令動，鼓蕩濤波起沫積聚。風吹離水，在於空中自然變成光音天宮，雜色參間，七寶所成。乃至海水一味鹹苦，亦如火災復時，是為風災。是為三災，是為三復。」

佛說長阿含第四分世記經戰鬪品第十

佛告比丘：「昔者諸天與阿須倫共鬪。時釋提桓因命忉利諸天而告之曰：『汝等今往與彼共戰，若得勝者，捉毗摩質多羅阿須倫，以五繫繫縛，將詣善法講堂，吾欲觀之。』時忉利諸天受帝釋教已，各自莊嚴。時毗摩質多羅阿須倫命諸阿須倫而告之曰：『汝等今往與彼共戰，若得勝者，捉釋提桓因，以五繫繫縛，將詣七葉講堂，吾欲觀之。』時諸阿須倫受毗摩質多阿須倫教已，各自莊嚴。

「於是諸天、阿須倫衆遂共戰鬪，諸天得勝，阿須倫退。時忉利諸天捉阿須倫王，以五繫繫縛，將詣善法堂所，示天帝釋。時阿須倫王見天上快樂，生慕樂心，即自念言：『此處殊勝，即可居止，用復還歸阿須倫宮為？』發此念時，五繫即得解，五樂在前。若阿須倫生念欲還詣本宮殿，五繫還縛，五樂自去。時阿須倫所被繫縛，轉更牢固，魔所繫縛復過於是。

「計吾我人為魔所縛，不計吾我人魔縛得解。*受我為縛，*受愛為縛。我當有為縛，我當無為縛。有色為縛，無色為縛，有色無色為縛。我有想為縛，無想為縛，有想無想為縛。我為大患，為癰，為刺。是故，賢聖弟子知我為大患，為癰，為刺，捨吾我想，修無我行。觀彼我為重擔，為放逸，為有。當有我是有為，當有無我是有為。有色是有為，無色是有為，有色無色是有為。有想是有為，無想是有為，有想無想是有為。有為為大患，為刺，為瘡。是故，賢聖弟子知有為為大患，為刺，為瘡故，捨有為，為無為行。」

佛告比丘：「昔者諸天①與阿須倫共鬭。時釋提桓因命忉利天而告之曰：『汝等今往與阿須倫共鬭，若得勝者，捉毗摩質多羅阿須倫，以五繫繫縛，將詣善法講堂，吾欲觀之。』時忉利諸天受帝釋教已，各即自莊嚴。時毗摩質多阿須倫復命諸阿須倫而告之曰：『汝等今往與彼共戰，若得勝者，捉釋提桓因，以五繫繫縛，將詣七葉講堂，吾欲觀之。』時諸阿須倫受毗摩質多阿須倫教已，各自莊嚴。於是諸天、阿須倫衆遂共戰鬭，諸天得勝，阿須倫退。忉利諸天捉阿須倫，以五繫繫縛，將詣善法堂所，示天帝釋。⊙時天帝釋☆彷徉遊善法堂上，阿須倫王遙見帝釋，於五繫中惡口罵詈。時天帝侍者於天帝前，即說偈言：

天帝何恐怖，自現己劣弱？須質面毀呰，默聽其惡言。

「時天帝釋即復以偈答侍者曰：

彼亦無大力，我亦不恐畏；如何大智士，與彼無智諍？

「爾時侍者復作偈頌白帝釋言：

今不折愚者，恐後轉難忍；宜加以杖捶，使愚自改過。

「時天帝釋復作偈頌答侍者曰：

我常言智者，不應與愚諍；愚罵而智默，*則為勝彼愚☆。

「爾時侍者復作偈頌白帝釋言：

天王所以默，恐損智者行；而彼愚騃人，謂王懷怖畏。
愚不自忖量，謂可與王敵；沒死來觸突，欲王如牛退。

「時天帝釋復作偈頌答侍者曰：

彼愚無知見，謂我懷恐怖；我觀第一義，忍默為最上。
惡中之惡者，於瞋復生瞋；能於瞋不瞋，為戰中最上。
夫人有二緣，為己亦為他；眾人*有諍訟☆，不報者為勝。
夫人有二緣，為己亦為他；見無諍訟者，反謂為愚騃。
若人有大力，能忍無力者；此力為第一，於忍中最上。
愚自謂有力，此力非為力；如法忍力者，此力不可沮。」

佛告比丘：「爾時天帝釋豈異人乎？勿造斯觀！時天帝釋即我身

是也。我於爾時修習忍辱，不行卒暴，常亦稱讚能忍辱者。若有智之人欲弘吾道者，當修忍默，忽懷忿諍。」

佛告比丘：「昔者忉利諸天與阿須倫共鬪。時釋提桓因語質多阿須倫言：『卿等何為嚴飾兵仗，懷怒害心，共戰諍為？今當共汝講論道義，知有勝負。』彼質多阿須倫語帝釋言：『正使捨諸兵仗，止於諍訟論義者，誰知勝負？』帝釋教言：『但共論議，今汝眾中、我天眾中，自有智慧知勝負者。』時阿須倫語帝釋言：『汝先說偈。』帝釋報言：『汝是舊天，汝應先說。』爾時質多阿須倫即為帝釋而作頌曰：

今不折愚者，　恐後轉難忍；　宜加以杖捶，　使愚自改過。

「時阿須倫說此偈已，阿須倫衆即大歡喜，高聲稱善，唯諸天衆默然無言。時阿須倫王語帝釋言：『汝次說偈。』爾時帝釋即為阿須倫而說偈言：

我常言智者，　不應與愚諍；　愚罵而智默，　即為勝彼愚。

「時天帝釋說此偈已，忉利諸天皆大歡喜，舉聲稱善。時阿須倫衆默然無言。爾時天帝語阿須倫言：『汝次說偈。』時阿須倫復說偈言：

天王所以默，　恐損智者行；　而彼愚騃人，　謂王懷怖畏。
愚不自忖量，　謂可與王敵；　沒死來觸突，　欲王如牛退。

「時阿須倫王說此偈已，阿須倫衆踊躍歡喜，舉聲稱善。時忉利天衆默然無言。時阿須倫王語帝釋言：『汝次說偈。』時天帝釋為阿須倫而說偈言：

彼愚無知見，謂我懷恐畏；我觀第一義，忍默為最上。
惡中之惡者，於瞋復生瞋；能於瞋不瞋，為戰中最勝。
夫人有二緣，為己亦為他；衆人為諍訟，不報者為勝。
夫人有二緣，為己亦為他；見無諍訟者，*反謂為愚騃。
若人有大力，能忍無力者；此力為第一，於忍中最上。
愚自謂有力，此力非為力；如法忍力者，此力不可沮。

「釋提桓因說此偈已，忉利天衆踊躍歡喜，舉聲稱善，阿須倫衆默然無言。時天衆、阿須倫衆各小退却，自相謂言：『阿須倫王所說偈頌，有所觸犯，起刀劍讐，生鬪訟根，長諸怨結，樹三有本。天帝釋所說偈者，無所觸嬈，不起刀劍，不生鬪訟，不長怨結，絕三有本。天帝所說為善，阿須倫所說不善。諸天為勝，阿須倫負。』」

佛告比丘：「爾時釋提桓因豈異人乎？勿造斯觀！所以者何？即我身是。我於爾時，以柔濡言，勝阿須倫衆。」

佛告比丘：「昔者諸天復與阿須倫共鬪。時阿須倫勝，諸天不如。時釋提桓因乘千輻寶車怖懼而走，中路見睒婆羅樹上有一巢，巢有兩子，即以偈頌告御者言②：

此樹有二鳥，　汝當迴車避；
正使賊害我，　勿傷二鳥命。

「爾時御者聞帝釋偈已，尋便住車迴避⊙樹鳥。爾時車頭向阿須倫，阿須倫衆遙見寶車迴向，其軍即相謂言：『今天帝釋乘千輻寶車迴向我衆，必欲還鬪，不可當也。』」阿須倫衆即便退散，諸天得勝，阿須倫退。」

佛告比丘：「爾時帝釋者豈異人乎？勿造斯觀！所以者何？即我身是也。我於爾時，於諸衆生起慈愍心。諸比丘！汝等於我法中出家修道，宜起慈心哀愍黎庶。」

佛告比丘：「昔者諸天與阿須倫共鬪。爾時諸天得勝，阿須倫退。時天帝釋戰勝還宮，更造一堂，名曰最勝，東西長百由旬，南北廣六十由旬。其堂百間，間間有七交露臺，一一臺上有七玉女，一一玉女有七使人。釋提桓因亦不憂供給，諸玉女衣被、飲食、莊嚴之具，隨本所造自受其福。以戰勝阿須倫，因歡喜心而造此堂，故名最勝堂。又千世界中所有堂觀無及此堂，故名最勝。」

佛告比丘：「昔者阿須倫自生念言：『我有大威德，神力不少，而忉利天、日月諸天常在虛空，於我頂上遊行自在，今我寧可取彼日月以為耳璫，自在遊行耶？』時阿須倫王瞋恚熾盛，即念捶打阿須倫，捶打阿須倫即復念言：『今阿須倫王念我，我等當速莊嚴。』即勅左右備具兵仗，駕乘寶車，與無數阿須倫眾前後導從，詣阿須倫王前，於一面立。時王復念舍摩梨阿須倫，舍摩梨阿須倫復自念言：『今王念我，我等宜速莊嚴。』即勅左右備具兵仗，駕乘寶車，與無數阿須倫眾前後導從，詣阿須倫王前，在一面立。

「時王復念毗摩質多阿須倫，毗摩質多阿須倫復自念言：『今王念我，我等宜速莊嚴。』」即勅左右備具兵仗，駕乘寶車，與無數阿須倫眾前後導從，往詣王前，在一面立。時王復念大臣阿須倫，大臣阿須倫即自念言：『今王念我，我等宜速莊嚴。』即勅左右備具兵仗，駕乘寶車，與無數阿須倫眾前後導從，往詣王前，於一面立。時王復念諸小阿須倫，諸小阿須倫復自念言：『今王念我，我等宜速莊嚴。』即自莊嚴，備具兵仗，與無數眾相隨，往詣王前，於一面立。時羅呵阿須倫王即自莊嚴，身著寶鎧，駕乘寶車，與無數百千阿須倫眾兵仗嚴事，前後圍遶出其境界，欲往與諸天共鬪。

「爾時難陀龍王、跋難陀龍王以身纏遶須彌山七匝，震動山谷，薄布微雲，*滴滴☆稍雨，以尾打大海水，海水波涌至須彌山頂。時忉利天即生念言：『今薄雲微布，*滴滴☆稍雨，海水波涌乃來至此，將是阿須倫欲來戰鬪，故有此異瑞耳！』

「爾時海中諸龍兵衆無數巨億，皆持戈*矛、弓矢、刀劍，重被寶鎧，器仗嚴整，逆與阿須倫共戰。若龍衆勝時，即逐阿須倫入其宮殿。若龍衆退，龍不還宮，即騂趣伽樓羅鬼神所，而告之曰：『阿須倫衆欲與諸天共戰，我往逆鬪，彼今得勝，汝等當備諸兵仗，衆共併力，與彼共戰。』時諸鬼神聞龍語已，即自莊嚴，備諸兵仗，重被寶鎧，與諸龍衆共阿須倫鬪。得勝時，即逐阿須倫入其宮殿。若不如時，不還本宮，即退走騂持華鬼神界，而告之言：『阿須倫衆欲與諸天共鬪，我等逆戰，彼今得勝，汝等當備諸兵仗，衆共併力與彼共戰。』

「諸持華鬼神聞龍語已，即自莊嚴備諸兵仗，重被寶鎧，衆共併力與阿須倫鬬。若得勝時，即逐阿須倫入其宮殿。若不如時，不還本宮，即退走驕常樂鬼神界，而告之言：『阿須倫衆欲與諸天共鬬，我等逆戰，彼今得勝，汝等當備諸兵仗，與我併力，共彼戰鬬。』時諸常樂鬼神聞是語已，即自莊嚴，備諸兵仗，重被寶鎧，衆共併力與阿須倫鬬。若得勝時，即逐阿須倫入其宮殿。若不如時，不還本宮，即退走驕四天王，而告之曰：『阿須倫衆欲與諸天共鬬，我等逆戰，彼今得勝，汝等當備諸兵仗，衆共併力與彼共戰。』

「時四天王聞此語已，即自莊嚴備諸兵仗，重被寶鎧，衆共併力與阿須倫共鬬。若得勝時，即逐阿須倫入其宮殿。若不如者，四天王即詣善法講堂，白天帝釋及忉利諸天言：『阿須倫欲與諸天共鬪。今忉利諸天當自莊嚴，備諸兵仗，衆共併力，往共彼戰。』時天帝釋命一侍天而告之曰：『汝持我聲往告焰摩天、兜率天、化自在天、他化自在天子言：阿須倫與無數衆欲來戰鬪，今者諸天當自莊嚴，備諸兵仗，助我鬪戰。』時彼侍天受帝⊙釋教已，即詣焰摩天乃至他化自在天，持天帝釋聲而告之曰：『彼阿須倫*無數☆衆來戰鬪，今者諸天當自莊嚴，備諸兵仗，助我戰鬪。』

「時焰摩天子聞此語已，即自莊嚴備諸兵仗，重被寶鎧，駕乘寶車，與無數巨億百千天衆前後圍遶，在須彌山東面住。時兜率天子聞此語已，即自莊嚴備諸兵仗，重被寶鎧，駕乘寶車，與無敷巨億百千天衆圍遶，在須彌山南面住。時化自在天子聞此語已，亦嚴兵衆，在須彌山西面住。時他化自在天子聞此語已，亦嚴兵衆，在須彌山北住。

「時天帝釋即念三十三天忉利天，三十三天忉利天即自念言：『今帝釋念我，我等宜速莊嚴。』即勅左右備諸兵仗，駕乘寶車，與無數巨億諸天衆前後圍遶，詣天帝釋前，於一面立。時天帝釋復念餘忉利諸天，餘忉利諸天即自念言：『今帝釋念我，我等宜速莊嚴。』即勅左右備諸兵仗，駕乘寶車，與無數巨億諸天衆前後圍遶，詣帝釋前，於一面立。時帝釋復念妙匠鬼神，妙匠鬼神即自念言：『今帝釋念我，我宜速莊嚴。』即勅左右備諸兵仗，駕乘寶車，無數千衆前後圍遶，詣帝釋前立。時帝釋復念善住龍王，善住龍王即自念言：『今天帝釋念我，我今宜往。』即詣帝釋前立。

「時帝釋即自莊嚴，備諸兵仗，身被寶鎧，乘善住龍王頂上，與無數諸天鬼神前後圍遶，自出天宮與阿須倫*共鬪。所謂嚴兵仗、刀劍、*矛矟、弓矢、斵釿、⊙鉞斧、旋輪、羂索，兵仗鎧器，以七寶成，復以鋒刃加阿須倫身，其身不傷，但刃觸而已。阿須倫衆執持七寶刀劍、*矛矟、弓矢、斵釿、鉞斧、旋輪、羂索，以鋒刃加諸天身，但觸而已，不能傷損。如是欲行諸天共阿須倫鬪，欲因欲是。」

佛說長阿含經卷第二十一

佛說長阿含經卷第二十二

後秦弘始年佛陀耶舍共竺佛念譯

第四分世記經三中劫品第十一

佛告比丘：「有三中劫，何等為三？一名刀兵劫，二名穀貴劫，三名疾疫劫。云何為刀兵劫？此世間人本壽四萬歲，其後稍減壽二萬歲，其後復減壽萬歲，轉壽千歲，轉壽五百歲，轉壽三百歲、二百歲，如今人壽於百歲少出多減。其後人壽稍減，當壽十歲，是時女人生五月行嫁。時世間所有美味，酥油、蜜、石蜜、黑石蜜，諸有美味皆悉自然消滅，五穀不生唯有稊稗。是時有上服錦綾、繒絹、劫貝、芻摩皆無復有，唯有麤織草衣。爾時此地純生荊棘、蚊虻、蜂螫、蚖蛇、毒蟲，金銀、琉璃、七寶珠玉自然沒地，唯有石沙穢惡充滿。是時衆生但增十惡，不復聞有十善之名，乃無善名，況有行善者！爾時人有不孝父母，不敬師長，能為惡者，則得供養，人所敬待。如今人孝順父母，敬事師長，能為善者，則得供養，人所敬待；彼人為惡，便得供養，亦復如是。時人命終墮畜生中，猶如今人得生天上。時人相見懷毒害心，但欲相殺。猶如獵師見彼群鹿，但欲殺之，無一善念；其人如是，但欲相殺，無一善念。爾時此地溝澗、溪谷、山陵、塠阜，無一平地。時人來恐怖惶懼，衣毛為竪。

「時七日中有刀劍劫起，時人手執草木、瓦石，皆變成刀劍，刀劍鋒利所擬皆斷，展轉相害。其中有黠慧者，見刀兵相害，恐怖逃避，入山林、坑澗無人之處。七日藏避，心口自言：『我不害人，人勿害我。』其人於七日中，食草木根，以自存活，過七日已，還出山林。時有一人得共相見，歡喜而言：『今見生人！今見生人！』猶如父母與一子別，久乃相見，歡喜踊躍不能自勝；彼亦如是，歡喜踊躍不能自勝。是時人民於七日中，哭泣相向。復於七日中，共相娛樂，歡喜慶賀。時人身壞命終，皆墮地獄中。所以者何？斯由其人常懷瞋怒，害心相向，無慈仁故，是為刀兵劫。」

佛告比丘：「云何為飢餓劫？爾時人民多行非法，邪見顛倒，為十惡業。以行惡故，天不降雨，百草枯死，五穀不成，但有莖稈。云何為飢餓？爾時人民收掃田里、街巷、道陌、糞土遺穀，以自存活，是為飢餓。復次，飢餓時，其人於街巷、市里、屠殺之處及丘塚間，拾諸骸骨，煮汁飲之，以此自存，是為白骨飢餓。復次，飢餓劫時，所種五穀盡變成草木，時人取華煮汁而飲。復次，飢餓時，草木華落，覆在土下，時人掘地取華煮食，以是自存，是為草木飢餓。爾時眾生身壞命終，墮餓鬼中。所以者何？斯由其人於飢餓劫中，常懷慳貪無施惠心，不肯分割，不念厄人故也，是為飢餓劫。」

佛告比丘：「云何為疾疫劫？爾時世人修行正法，正見，不顛倒見，具十善行。他方世界有鬼神來，此間鬼神放逸婬亂，不能護人。他方鬼神侵嬈此世間人，撾打捶杖，接其精氣，使人心亂，驅逼將去。猶如國王勅諸將帥有所守護，餘方有賊寇來侵嬈，此放逸之人劫於村國。此亦如是，他方世界有鬼神來，取此間人，撾打捶杖，接其精氣，驅逼將去。」

佛告比丘：「正使此間鬼神不放逸婬亂，他方世界有大力鬼神來，此間鬼神畏怖避去，彼大⊙力鬼神侵嬈此人，撾打捶杖，接其精氣，殺之而去。譬如國王、若王大臣，遣諸將帥守衛人民，將帥清慎，無有放逸，他方有強猛將帥人，兵衆多來破村城，掠奪人物。彼亦如是，正使此間鬼神不敢放逸，他方世界有大力鬼神來，此間鬼神恐怖避去，彼大鬼神侵嬈此人，撾打捶杖，接其精氣，殺之而去。時疾疫劫中人民身壞命終，皆生天上。所以者何？斯由時人慈心相向，展轉相問：『汝病差不？身安隱不？』以此因緣得生天上，是故名為疾疫劫，是為三中劫也。」

佛說長阿含第四分世記經世本緣品第十二

佛告比丘：「火災過已，此世天地還欲成時，有餘眾生福盡、行盡、命盡，於光音天命終，生空梵處，於彼生染著心，愛樂彼處，願餘眾生共生彼處。發此念已，有餘眾生福、行、命盡，於光音天身壞命終，生空梵處。時先生梵天即自念言：『我是梵王大梵天王，無造我者，我自然有無所承受，於千世界最得自在，善諸義趣，富有豐饒，能造化萬物，我即是一切衆生父母。』其後來諸梵復自念言：『彼先梵天即是梵王大梵天王，彼自然有，無造彼者，於千世界最尊第一，無所承受，善諸義趣，富有豐饒，能造萬物，是衆生父母，我從彼有。』彼梵天王顏貌容狀常如童子，是故梵王名曰童子。

「或有是時，此世還成世間，衆生多有生光音天者，自然化生歡喜為食，身光自照神足飛空，安樂無礙壽命長久。其後此世變成大水，周遍彌滿，當於爾時天下大闇，無有日月、星辰、晝夜，亦無歲月、四時之數。其後此世還欲變時，有餘衆生福盡、行盡、命盡，從光音天命終，來生此間，皆悉化生歡喜為食，身光自照神足飛空，安樂無礙久住此間。爾時無有男女、尊卑、上下，亦無異名，衆共生世故名衆生。

「是時此地有自然地味出，凝停於地猶如醍醐，地味出時亦復如是，猶如生酥，味甜如蜜。其後衆生以手試嘗知為何味，初嘗覺好遂生味著，如是展轉嘗之不已，遂生貪著，便以手掬漸成摶食，摶食不已，餘衆生見復効食之。食之不已，時此衆生身體麤澁，光明轉滅，無復神足不能飛行。爾時未有日月，衆生光滅，是時天地大闇，如前無異。其後久久，有大暴風吹大海水，深八萬四千由旬，使令兩披飄，取日宮殿著須彌山半，安日道中，東出西沒周旋天下。

「第二日宮從東出西沒，時衆生有言：『是即昨日也。』或言：

『非昨◎日也。』第三日宮繞須彌山，東出西沒，彼時眾生言：『定是一日。』日者，義言是前明因，是故名為日。日有二義：一曰住常度，二曰宮殿。宮殿四方遠見故圓，寒溫和適，天金所成，頗梨間廁。二分天金，純真無雜外內清徹，光明遠照。一分頗梨，純真無雜外內清徹，光明遠照。日宮縱廣五十一由旬，宮牆及地薄如梓柏。

「宮牆七重，七重欄楯、七重羅網、七重寶鈴、七重行樹，周匝校飾，以七寶成。金牆銀門，銀牆金門；琉璃牆水精門，水精牆琉璃門；赤珠牆馬碯門，馬碯牆赤珠門；車𤦲牆眾寶門，眾寶牆車𤦲門。又其欄楯，金欄銀桄，銀欄金桄；琉璃欄水精桄，水精欄琉璃桄；赤珠欄馬碯桄，馬碯欄赤珠桄；眾寶欄車𤦲桄，車𤦲欄眾寶桄。金網銀鈴，銀網金鈴；水精網琉璃鈴，琉璃網水精鈴；赤珠網馬瑙鈴，馬瑙網赤珠鈴；車渠網衆寶鈴，衆寶網車渠鈴。其金樹者銀葉華實，銀樹者金葉華實；琉璃樹者水精華實，水精樹者琉璃華實；赤珠樹者馬瑙華實，馬瑙樹者赤珠華實；車渠樹者衆寶華實，衆寶樹者車渠華實。宮牆四門，門有七階，周匝欄楯，樓閣臺觀、園林浴池，次第相比，生衆寶華行行相當，種種果樹華葉雜色，樹香芬馥周流四遠，雜類衆鳥相和而鳴。

「其日宮殿為五風所持：一曰持風，二曰養風，三曰受風，四曰轉風，五曰調風。日天子所止正殿，純金所造，高十六由旬，殿有四門，周匝欄楯。日天子座縱廣半由旬，七寶所成，清淨柔軟猶如天衣。日天子自身放光照于金殿，金殿光照于日宮，日宮光出照四天下。日天子壽天五百歲，子孫相承無有間異。其宮不壞，終于一劫。日宮行時，其日天子無有行意，言我行住以常五欲自相娛樂。日宮行時，無數百千諸大天神在前導從，歡樂無倦好樂捷疾，因是日天子名為捷疾。

「日天子身出千光，五百光下照，五百光傍照，斯由宿業功德，故有此千光，是故日天子名為千光。宿業功德云何？或有一人供養沙門、婆羅門，濟諸窮乏，施以飲食、衣服、湯藥、象馬、車乘、房舍、燈燭，分布時與，隨其所須不逆人意，供養持戒諸賢聖人，由彼種種無數法喜光明因緣，善心歡喜。如剎利王水澆頭種初登王位，善心歡喜，亦復如是。以此因緣，身壞命終為日天子，得日宮殿有千光明，故言善業得千光明。

「復以何等故，名為宿業光明？或有人不殺生，不盜，不邪婬，不兩舌、惡口、妄言、綺語，不貪取，不瞋恚、邪見，以此因緣，善心歡喜。猶如四衢道頭有大浴池，清淨無穢，有人遠行疲極熱渴，來入此池澡浴清涼，歡喜愛樂；彼十善者，善心歡喜，亦復如是。其人身壞命終為日天子，居日宮殿有千光明，以是因緣故，名善業光明。

「復以何緣名千光明？或有人不殺、不盜、不婬、不欺、不飲酒，以此因緣，善心歡喜。身壞命終為日天子，居日宮殿有千光明，以是因緣故，名善業千光明。六十念頃名一羅耶，三十羅耶名摩睺多，百摩睺多名優波摩，日宮殿六月南行，日行三十里，極南不過閻浮提，日北行亦復如是。

「以何緣故日光炎熱？有十因緣。何等為十？一者、須彌山外有佉陀羅山，高四萬二千由旬，*縱廣四萬二千由旬，其邊無量七寶所成，日光照山觸而生熱，是為一緣日光炎熱。

「二者、佉陀羅山表有伊沙陀山，高二萬一千由旬，縱廣二萬一千由旬，周匝無量七寶所成，日光照山觸而生熱，是為二緣日光炎熱。

「三者、伊沙陀山表有樹提陀羅山，上高萬二千由旬，縱廣萬二千由旬，周匝無量七寶所成，日光照山觸而生熱，是為三緣日光炎熱。

「四者、去樹提陀羅山表有山名善見，高六千由旬，縱廣六千由旬，周匝無量七寶所成，日光照山觸而生熱，是為四緣日光炎熱。

「五者、善見山表為馬祀山，高三千由旬，縱廣三千由旬，周匝無量七寶所成，日光照山觸而生熱，是為五緣日光炎熱。

「六者、去馬祀山表有尼彌陀羅山，高千二百由旬，縱廣千二百由旬，周匝無量七寶所成，日光照山觸而生熱，是為六緣日光炎熱。

「七者、去尼彌陀羅山表有調伏山，高六百由旬，縱廣六百由旬，周匝無量七寶所成，日光照山觸而生熱，是為七緣日光炎熱。

「八者、調伏山表有金剛輪山，高三百由旬，縱廣三百由旬，周匝無量七寶所成，日光照山觸而生熱，是為八緣日光炎熱。

「復次，上萬由旬有天宮殿，名為星宿，瑠璃所成，日光照彼觸而生熱，是為九緣日光炎熱。

「復次，日宮殿光照於大地，觸而生熱，是為十緣日光炎熱。」

爾時世尊以偈頌曰：

以此十因緣，　日名為千光；
光明炎熾熱，　佛日之所說。

佛告比丘：「何故冬日宮殿寒而不可近，有光而冷？有十三緣，雖光而冷。云何為十三？一者、須彌山、佉陀羅山中間有水，廣八萬四千由旬，周匝無量，其水生雜華：優鉢羅華、拘勿頭、鉢頭摩、分陀利、須乾提華，日光所照觸而生冷，是為一緣日光為冷。

「二者、佉陀羅山、伊沙陀羅山中間有水，廣四萬二千由旬，縱廣四萬二千由旬，周匝無量，有水生諸雜華，日光所照觸而生冷，是為二緣日光為冷。

「三者、伊沙陀羅山去樹提陀羅山中間有水，廣二萬一千由旬，周匝無量生諸雜華，日光所照觸而生冷，是為三緣日光為冷。

「四者、善見山、樹提山中間有水，廣萬二千由旬，周匝無量生諸雜華，日光所照觸而生冷，是為四緣日光為冷。

「五者、善見山、馬祀山中間有水，廣六千由旬，生諸雜華，日光所照觸而生冷，是為五緣日光為冷。

「六者、馬祀山、尼彌陀羅山中間有水，廣千二百由旬，周匝無量生諸雜華，日光所照觸而生冷，是為六緣日光為冷。

「尼彌陀羅山、調伏山中間有水，廣六百由旬，周匝無量生諸雜華，日光所照觸而生冷，是為七緣日光為冷。

「調伏山、金剛輪山中間有水，廣三百由旬，周匝無量生諸雜華，日光所照觸而生冷，是為八緣日光為冷。

「復次，此閻浮利地大海江河，日光所照觸而生冷，是為九緣日光為冷。

「閻浮提地河少，拘耶尼地水多，日光所照觸而生冷，是為十緣日光為冷。

「拘耶尼河少，弗于逮水多，日光所照觸而生冷，是為十一緣日光為冷。

「弗于逮河少，欝單曰河多，日光所照觸而生冷，是為十二緣日光為冷。

「復次，日宮殿光照大海水，日光所照觸而生冷，是為十三緣日光為冷。」

佛時頌曰：

以此十三緣，　日名為千光；　其光明清冷，　佛日之所說。

佛告比丘：「月宮殿有時損質盈虧，光明損減，是故月宮名之為損。月有二義：一曰住常度，二曰宮殿。四方遠見故圓，寒溫和適，天銀、琉璃所成。二分天銀，純真無雜內外清徹，光明遠照。一分琉璃，純真無雜外內清徹，光明遠照。月宮殿縱廣四十九由旬，宮牆及地薄如梓柏。宮牆七重，七重欄楯、七重羅網、七重寶鈴、七重行樹，周匝校飾，以七寶成，乃至無數衆鳥相和而鳴。

「其月宮殿為五風所持：一曰持風，二曰養風，三曰受風，四曰轉風，五曰調風。月天子所止正殿，琉璃所造，高十六由旬，殿有四門，周匝欄楯。月天子座縱廣半由旬，七寶所成，清淨柔軟猶如天衣。月天子身放光明，照琉璃殿，琉璃殿光照于月宮，月宮光出照四天下。月天子壽天五百歲，子孫相承無有異*繼。其宮不壞，終于一劫。月宮行時，其月天子無有行意，言我行住常以五欲自相娛樂。月宮行時，無數百千諸大天神常在前導，*歡樂無倦好樂捷疾，因是月天名為捷疾。

「月天子身出千光明，五百光下照，五百光傍照，斯由宿業功德故有此光明，是故月天子名曰千光。宿業功德云何？世間有人供養沙門、婆羅門，施諸窮乏飲食、衣服、湯藥、象馬、車乘、房舍、燈燭，分布時與，隨意所須，不逆人意，供養持戒諸賢聖人，*由是種種無數法喜，善心光明。如剎利王水澆頭種初登王位，善心歡喜，亦復如是。以是因緣，身壞命終為月天子，月宮殿有千光明，故言善業得千光明。

「復以何業得千光明？世間有人不殺，不盜，不邪婬，不兩舌、惡口、妄言、綺語，不貪取、瞋恚、邪見，以此因緣，善心歡喜。猶如四衢道頭有大浴池清淨無穢，有人遠行疲極熱渴，來入此池澡浴清涼，歡喜快樂；彼行十善者，善心歡喜，亦復如是。其人身壞命終為月天子，居月宮殿有千光明，以是因緣故，名善業千光。

「復以何因緣得千光明？世間有人不殺、不盜、不婬、不欺、不飲酒，以此因緣，善心歡喜。身壞命終為月天子，居月宮殿有千光明，以是因緣故，名善業千光。六十念頃名一羅耶，三十羅耶名摩睺多，百摩睺多名優婆摩，若日宮殿六月南行，日行三十里，極南不過閻浮提。是時月宮殿半歲南行，不過閻浮提，月北行亦復如是。

「以何緣故月宮殿小小損減？有三因緣故月宮殿小小損減。一者、月出於維，是為一緣故月損減。復次，月宮殿內有諸大臣身著青服，隨次而上，住處則青，是故月減，是為二緣月日日減。復次，日宮有六十光，光照於月宮，映使不現，是故所映之處月則損減，是為三緣月光損減。

「復以何緣月光漸滿？復有三因緣使月光漸滿。何等為三？一者、月向正方，是故月光滿。二者、月宮諸臣盡著青衣，彼月天子以十五日處中而坐，共相娛樂，光明遍照遏諸天光，故光普滿。猶如眾燈燭中燃大炬火，遏諸燈明；彼月天子亦復如是，以十五日在天眾中，遏絕眾明其光獨照亦復如是，是為二因緣。三者、日天子雖有六十光照於月宮，十五日時月天子能以光明逆照，使不掩翳，是為三因緣月宮*圓滿無有損減。復以何緣月有黑影？以閻浮樹影在於月中，故月有影。」

佛告比丘：「心當如月清涼無熱，至檀越家專念不亂。復以何緣有諸江河？因日月有熱，因熱有炙，因炙有汗，因汗成江河，故世間有江河。有何因緣世間有五種子？有大亂風，從不敗世界吹種子來生此國：一者、根子，二者、莖子，三者、節子，四者、虛中子，五者、子子，是為五子。以此因緣，世間有五種子出。

「此閻浮提日中時，弗于逮日沒。拘耶尼日出，鬱單曰夜半。拘耶尼日中，閻浮提日沒。鬱單曰日出，弗于逮夜半。鬱單曰日中，拘耶尼日沒。弗于逮日出，閻浮提夜半。若弗于逮日中，鬱單曰日沒。閻浮提日出，拘耶尼夜半。閻浮提東方，弗于逮為西方，閻浮提為西方，拘耶尼為東方。拘耶尼為西方，鬱單曰為東方。鬱單曰為西方，弗于逮為東方。

「所以閻浮提名閻浮者，下有金山，高三十由旬，因閻浮樹生，故得名為閻浮金。閻浮樹其果如蕈，其味如蜜，樹有五大孤，四面四孤，上有一孤。其東孤孤果乾闥和所食，其南孤者七國人所食：一曰拘樓國、二曰拘羅婆、三名毗提、四名善毗提、五名漫陀、六名婆羅、七名婆梨，其西孤果海虫所食，其北孤果者禽獸所食，其上孤果者星宿天所食。

「七大國北有七大黑山：一曰裸十，二曰白鶴，三曰守宮，四者仙山，五者高山，六者禪山，七者土山。此七黑山上有七婆羅門仙人，此七仙人住處：一名善帝，二名善光，三名守宮，四名仙人，五者護宮，六者伽那那，七者增益。」

佛告比丘：「劫初眾生食地味已，久住於世，其食多者顏色麤悴，其食少者顏色光潤，然後乃知眾生顏色形貌優劣，互相是非，言：『我勝汝，汝不如我。』以其心存彼我，懷諍競故，地味消竭。又地皮生，狀如薄餅色味香潔，爾時眾生聚集一處，懊惱悲泣，椎胸而言：『咄哉為禍！今者地味*忽不復現。』猶如今人得盛美味，稱言美善，後復失之以為憂惱，彼亦如是憂惱悔恨。後食地皮，漸得其味，其食多者顏色麤悴，其食少者顏色潤澤，然後乃知眾生顏色形貌優劣，互相是非，言：『我勝汝，汝不如我。』以其心存彼我，懷諍競故，地皮消竭。

「其後復有地膚出，轉更麤厚，色如天華，軟若天衣，其味如蜜。時諸衆生復取共食，久住於世，食之多者顏色轉損，食甚少者顏色光澤，然後乃知衆生顏色形貌優劣，互相是非，言：『我勝汝，汝不如我。』以其心存彼我，懷諍競故，地膚消竭。

「其後復有自然粳米，無有糠糩，不加調和，備衆美味。爾時衆生聚集而言：『咄哉為禍！今者地膚忽不復現。』猶如今人遭禍逢難稱言：『苦哉！』爾時衆生亦復如是懊惱悲歎。

「其後衆生便共取粳米食之，其身麤醜，有男女形，互相瞻視遂生欲想，共在屏處為不淨行，餘衆生見言：『咄此為非！云何衆生共生有如此事？』彼行不淨男子者，見他呵責，即自悔過言：『我所為非。』即身投地。其彼女人見其男子以身投地，悔過不起，女人即便送食，餘眾生見，問女人言：『汝持此食，欲以與誰？』答曰：『彼悔過眾生墮不善行者，我送食與之。』因此言故，世間便有不善夫主之名，以送飯與夫，因名之為妻。

「其後眾生遂為婬逸，不善法增，為自障蔽遂造屋舍，以此因緣故始有舍名。其後眾生婬逸轉增，遂成夫妻。有餘眾生壽、行、福盡，從光音天命終來生此間，在母胎中，因此世間有處胎名。爾時先造瞻婆城，次造伽尸婆羅㮈城，其次造王舍城。日出時造，即日出時成，以此因緣，世間便有城郭、郡邑王所治名。

「爾時眾生初食自然粳米時，朝收暮熟，暮收朝熟，收後復生，無有莖稈。時有眾生默自念言：『日日收穫，疲勞我為，今當併取以供數日。』即時併穫積數日粮。餘人於後語此人言：『今可相與共取粳米。』此人答曰：『我已先積不須更取，汝欲取者，自隨意去。』後人復自念言：『前者能取二日餘粮，我豈不能取三日粮耶？』此人即積三日餘粮。復有餘人語言：『共取粮去來。』此人答曰：『我已取三日餘粮，汝欲取者，自隨汝意。』此人念言：『彼人能取三日粮，我豈不能取五日粮耶？』取五日粮已，時衆生競積餘粮故，是時粳米便生糠檜，收已不生，有枯稈現。

「爾時衆生集在一處，懊惱悲泣，拍胸而言：『咄此為⊙禍哉！』自悼責言：『我等本皆化生，以念為食，身光自照神足飛空，安樂無礙。其後地味始生，色味具足，時我等食此地味，久住於世，其食多者顏色轉麤，其食少者色猶光澤，於是眾生心懷彼我，生憍慢心言：「我色勝，汝色不如。」諍色憍慢故，地味消滅。更生地皮，色香味具，我等時復共取食之，久住於世，其食多者色轉麤悴，其食少者色猶光澤，於是眾生心懷彼我，生憍慢心言：「我色勝，汝色不如。」諍色憍慢故，地皮消滅。更生地膚，轉更麤厚，色香味具，我等時復共取食之，久住於世，其食多者色轉麤悴，其食少者色猶光澤，於是眾生心懷彼我，生憍慢心言：「我色勝，汝色不如。」諍色憍慢故，地膚滅。更生自然粳米，色香味具，我等時復共取食之，朝穫暮熟，暮穫朝熟，收以隨生，無有載收。由我爾時競共積聚故，*米生糠檜，收已不生，現有根稈，我等今者寧可共封田宅，以分疆畔。』

「時即共分田以異疆畔，計有彼我。其後遂自藏己米，盜他田穀，餘衆生見已，語言：『汝所為非！汝所為非！云何自藏己物，盜他財物？』即呵責言：『汝後勿復為盜！』如是不已，猶復為盜，餘人復呵言：『汝所為非！何故不休？』即便以手杖打，將詣衆中，告衆人言：『此人自藏粳米，盜他田穀。』盜者復言：『彼人打我。』衆人聞已，懊惱涕泣，拊胸而言：『世間轉惡，乃是惡法生耶？』遂生憂結熱惱苦報：『此是生、老、病、死之原，*遂墮惡趣⊙因，有田宅疆畔別異，故生諍訟，以致怨讐，無能決者。我等今者寧可立一平等主，善護人民賞善罰惡，我等衆人各共減割以供給之。』

「時彼衆中有一人形質長大，容貌端正甚有威德，衆人語言：『

我等今欲立汝為主，善護人民，賞善罰惡，當共減割以相供給。』其人聞之，即受為主，應賞者賞，應罰者罰，於是始有民主之名。初民主有子，名曰珍寶。珍寶有子，名曰好味。好味有子，名曰靜齋。靜齋有子，名曰頂生。頂生有子，名曰善行。善行有子，名曰宅行。宅行有子，名曰妙味。妙味有子，名曰味帝。味帝有子，名曰水仙。水仙有子，名曰百智。百智有子，名曰嗜欲。嗜欲有子，名曰善欲。善欲有子，名曰斷結。斷結有子，名曰大斷結。大斷結有子，名曰寶藏。寶藏有子，名曰大寶藏。大寶藏有子，名曰善見。善見有子，名曰大善見。大善見有子，名曰無憂。無憂有子，名曰洲渚。洲渚有子，名曰殖生。殖生有子，名曰山岳。山岳有子，名曰神天。神天有子，名曰遣力。遣力有子，名曰牢車。牢車有子，名曰十車。十車有子，名曰百車。百車有子，名曰牢弓。牢弓有子，名曰百弓。百弓有子，名曰養牧。養牧有子，名曰善思。

「從善思，已來有十族，轉輪聖王相續不絕；一名伽㝹麤，二名多羅婆，三名阿葉摩，四名持施，五名伽楞伽，六名瞻婆，七名拘羅婆，八者般闍羅，九者彌私羅，十者聲摩。伽㝹麤王有五轉輪聖王，多羅婆王有五轉輪聖王，阿葉摩王有七轉輪聖王，持施王有七轉輪聖王，伽楞伽王有九轉輪聖王，瞻婆王有十四轉輪聖王，拘*羅婆☆王有三十一轉輪聖王，般闍羅王有三十二轉輪聖王，彌私羅王有八萬四千轉輪聖王，聲摩王有百一轉輪聖王。最後有王，名大善生從。

「聲摩王有子，名烏羅婆。烏羅婆有子，名渠羅婆。渠羅婆有子，名尼求羅。尼求羅有子，名師子頰。師子頰有子，名曰白淨王。白淨王有子，名菩薩。菩薩有子，名羅睺羅，由此本緣有剎利名。

「爾時有一衆生作是念言：『世間所有家屬萬物，皆為刺棘癰瘡，今宜捨離，入山行道，靜處思惟。』時即遠離家刺，入山靜處樹下思惟，日日出山入村乞食。村人見已加敬供養，衆共稱善：『此人乃能捨離家累，入山求道。』以其能離惡不善法，因是稱曰為婆羅門。

「婆羅門衆中有不能行禪者，便出山林，遊於人間，自言：『我不能坐禪。』因是名曰無禪婆羅門。經過下村，為不善法，施行毒法，因是相生，遂便名毒。由此因緣，世間有婆羅門種。彼衆生中習種種業以自營生，因是故世間有居士種。彼衆生中習諸技藝以自生活，因是世間有首陀羅種。世間先有此釋種出已，然後有沙門種。剎利種中有人自思惟：『世間恩愛汙穢不淨，何足貪著也？』於是捨家，剃除鬚髮，法服求道：『我是沙門！我是沙門！』婆羅門種、居士種、首陀羅種衆中有人自思惟：『世間恩愛汙穢不淨，何足貪著？』於是捨家，剃除鬚髮，法服求道：『我是沙門！我是沙門！』

「若剎利衆中，有身行不善，口行不善，意行不善，行不善已，身壞命終，一向受苦。或婆羅門、居士、首陀羅，身行不善，口行不善，意行不善，彼行不善已，身壞命終，一向受苦。剎利種身行善，口行善，意*行善，身壞命終，一向受樂。婆羅門、居士、首陀羅身行善，口行善，意等念善，身壞命終，一向受樂。剎利種身中有二種行，口、意有二種行，彼身、意行二種已，身壞命終，受苦樂報。婆羅門、居士、首陀羅身二種行，口、意二種行，彼身、意行二種行已，身壞命終，受苦樂報。

「剎利眾中剃除鬚髮，服三法衣，出家求道，彼修七覺意，彼以信堅固出家為道，修無上梵行，於現法中自身作證：我生死已盡，梵行已立，所作已辦，更不受後有。婆羅門、居士、首陀羅剃除鬚髮，服三法衣，出家求道，彼修七覺意，彼以信堅固出家為道，修無上梵行，於現法中作證：我生死已盡，梵行已立，更不受後有。此四種中，出明行成，得阿羅漢為最第一。是時梵天說是偈言：

剎利生為最，　能集諸種姓；　明行成具足，　天人中為最。」

佛告諸比丘：「彼梵天說此偈為善說，非不善說；善受，非不善受，我所印可。所以者何？我今如來、至真、等正覺亦說此偈：

剎利生為最，　能集諸種姓；　明行成具足，　天人中為最。」

爾時諸比丘聞佛所說，歡喜奉行。

長阿含具足，　歸命一切智，　一切眾安樂，　眾生處無為，

我亦在其例。

佛說長阿含經卷第二十二

南無護法韋馱尊天菩薩

長阿含經

主　編—全佛編輯部
出版者—全佛文化出版社
地址／台北市信義路三段二〇〇號五樓
永久信箱／台北郵政二六～三四一號信箱
電話／（〇二）七〇一一〇五七・七〇一〇九四五
郵撥／一七六二六五五八　全佛文化出版社
全套定價—新台幣六〇〇〇元（全四冊）
初　版—一九九七年三月

國家圖書館出版預行編目資料

長阿含經 / (後秦)佛陀耶舍,竺佛念譯.--初版.
--臺北市：全佛文化, 1997 [民 86]
冊；　公分.
ISBN 957-9462-71-2(-套：平裝)

1.小乘經典

221.81　　86002269